MERCEDES LAUENSTEIN

München for Women only

—

HERAUSGEGEBEN VON NICOLE ADLER

Brandstätter

Mit Fotografien von
Juri Gottschall
u. a.

—

Redaktionelle Mitarbeit
Janina Ventker

—

Beiträge von
Gigi Colombina, Veronika Christine Dräxler,
Regine Geibel, Milena Heißerer, Mira Mann,
Deborah Neufeld, Janina Ventker, Julia Werner
u. a.

—

Interviews mit
ALMA., Alina Birkner, Marion Bösker,
Michaela Bogner, Veronika Christine Dräxler,
Katja Eichinger, Alexandra von Frankenberg,
Regine Geibel, Ingvild Goetz,
Sedina Halilovic, Milena Heißerer, Jelena Hofmann,
Stephanie Ising, Amelie Kahl, Claudia Lassner,
Mira Mann, Maike Menzel, Annekatrin Meyers,
Deborah Neufeld, Sara Nuru, Sali Nuru,
Franzi Schulz, Sandra Schwittau, Antonia Simm,
Nina Skarabela, Evi Weidel, Kerstin Weng,
Aline Werr, Antonia Wille, Laura Veronesi

—

Grafikdesign
Mitra Farahmand und Christine Fischer

INHALT

INHALT

MERCEDES LAUENSTEIN (MITTE) & NICOLE ADLER (UNTEN)

STADT OHNEGLEICHEN

München war meine erste große Liebe. Als Teenager zog ich zum ersten Mal für ein paar Jahre in diese Stadt und war ihr sofort verfallen.

Ich zog weg, kam wieder, zog weg, kam wieder. Was ich schon früh begriff: Es hat überhaupt keinen Sinn, diese Stadt mit anderen Städten zu vergleichen. Es ist mir ohnehin ein Rätsel, warum immer alle so versessen darauf sind, Vergleiche anzustellen. Im Falle Münchens ist es jedenfalls besonders unmöglich, schon allein aufgrund der in den Straßen stets spürbaren Tradition, die sich nun wirklich in jeder Hinsicht niederschlägt: in sprachlicher, modischer, architektonischer und kulinarischer. Und nein, München ist entgegen des langweiligsten aller München-Klischees auch ganz gewiss nicht die nördlichste Stadt Italiens. München will weder Berlin sein, noch Hamburg oder Paris. München bleibt bei sich und hat sich trotz des rasanten Wachstums über die Jahre so seine Ruhe und seinen Eigensinn bewahrt. Die Trambahnen bimmeln tröstlich, der Anblick feiner älterer Damen und Herren mit Dallmayr-Tüten in der Hand bewirkt sofortige Seelenruhe, dafür sind die Häuser innerhalb des Mittleren Rings leider noch immer nicht höher als die Frauenkirche. Eigensinn kann eben hinreißend und charmant sein, aber auch anstrengend und verbohrt. München ist mal zu nüchtern, mal zu betrunken, mal sehr aufregend, mal sehr langweilig – aber sind wir das nicht alle? *Leben und leben lassen* steht auf unsichtbaren Schildern an allen Eingängen der Stadt geschrieben und das ist kein Klischee.

Viele der großartigen Münchner Menschen sind Frauen. Sie denken und netzwerken so lokal wie global, tragen ihre Ideen in die Welt hinaus und bringen neue heim. Sie halten den Freigeist am Leben und das Niveau hoch. Einige von ihnen haben wir für diesen Guide nach ihrem Blick auf die Stadt gefragt. Fühlen Sie sich von diesen Frauen an der Hand genommen und auf einen Drink ausgeführt, vielleicht ja ganz oldschool-Münchnerisch auf einen guten alten Kir Royal – der laut Barkeeperin Franzi Schulz aus der Bar Gabányi noch immer auf sein großes Comeback wartet.

Und ansonsten kann ich Sie keinesfalls in diese Stadt entlassen, ohne Ihnen einen Auszug aus einem Text der Schriftstellerin Irmgard Keun ans Herz zu legen. Bei einem ihrer München-Aufenthalte schrieb sie über eines der Münchner Phänomene überhaupt:

den berühmten warmen Münchner Fallwind namens „Föhn" – einen Südwind, der von Italien über die Alpen nach Norden weht und den viele Münchner theatralisch leidend für ihre diversen Unpässlichkeiten und Nervolabilitäten verantwortlich machen:

„Es gibt in München reizende Leute, schönes Wetter, die rauschende Isar (…), eindrucksvolle Festspiele und gutes Bier. Es gibt noch viel Schönes in München, aber das Schönste ist der Föhn, und er ist der Hauptgrund dafür, dass ich noch hier bin. (…) Ich bin manchmal faul wie ein im Gras vermodernder Fallapfel. In anderen Städten dürfte ich das nicht sein, ohne – im besten Fall – mit moralischem Abscheu oder mitleidig verächtlicher Nachsicht betrachtet zu werden. Hier in München beruhigt man meine keimenden Schuldgefühle mit „Das ist der Föhn". Natürlich ist es der Föhn. Wie klar, wie einfach und leicht ist doch das Leben, wenn's einen Föhn gibt. (…) Dabei ist für mich das Interessanteste am Föhn, dass ich ihn bis heute überhaupt nicht gespürt habe. Bis zum heutigen Tag habe ich nicht die leiseste Ahnung, wann eigentlich Föhn ist. Natürlich werde ich mich hüten, diese Unkenntnis zu verraten. Auf jeden Fall tun mir die Menschen in Städten ohne Föhn von nun an sehr leid, und mir wird es furchtbar schwerfallen, wieder irgendwo zu leben, wo es keinen Föhn gibt."

Viel Freude in dieser Stadt!   *Mercedes Lauenstein*

———

Ja, München ist eigensinnig und auf den ersten Blick tatsächlich ein wenig behäbig. Alles schön und entspannt, ohne Hipster-Attitude oder gar Zeitgeist-Hysterie. Doch wenn man sich einen Tag durch die Stadt treiben lässt, wird einem schnell klar, was die Isarmetropole – abgesehen vom jährlichen Wiesen-Zauber, dem Glamour der Maximilianstraße und ihren Prachtbauten – so anziehend macht: Es ist diese unvergleichlich sympathische Art den Spagat zwischen Weltläufigkeit, Tradition und Moderne, authentischem Genuss, Lebensfreude und Entspanntheit hinzubekommen.

Klug und stilsicher begleitet Autorin und Journalistin Mercedes Lauenstein Sie durch ihr München „ihre große Liebe", wie die Autorin es nennt. Dank an alle die großartigen Tippgeberinnen und inspirierenden Frauen, die vorliegenden Guide mitgestaltet und möglich gemacht haben!

Nicole Adler

Mode & Shopping

MÜNCHEN WEHRT SICH BEHARRLICH DEM BESUCHER „HIP" ENTGEGEN ZU RUFEN. HINTER DER BAJUWARISCH VERZWIRBELTEN FASSADE IST MÜNCHEN DENNOCH STILBILDEND: GRAFIKDESIGNER MIRKO BORSCHE ETWA HAT JÜNGST DIE LOGOS VON BALENCIAGA UND GIVENCHY ÜBERARBEITET.

ZUGEGEBEN: ES GIBT ein ziemlich langweiliges München. Es ist das, in das man sich samstags in der Innenstadt verirrt, wenn konsumwütige Schnöselpaare Céline-Taschen, Parfums und Kaschmirpullis in den Boutiquen der Maximilianstraße raffen und dann – sie vorneweg, er mit den Tüten hinter ihr her – verrichteten Lebensinhalts schweigend zurück zu ihrem Range Rover laufen. Das Gute daran ist: Man weiß plötzlich sehr genau, wie das Leben eher nicht sein sollte. Genau wegen dieser Mausifrauen mit ihren Loafer tragenden Gatten hat München so einen provinziellen Ruf: Nix los außer Geld hier, lästert der Rest Deutschlands gerne.

Geld ist für eine gute Shopping-Destination natürlich aber von Vorteil. Weil nicht nur große Labels wie Acne unbedingt vertreten sein wollen, sondern weil auch die kleinen, interessanten Adressen wirklich von etwas leben können und nicht gleich wieder schließen. Im Gegensatz zu den Weltmetropolen gibt es sie hier noch, die gute alte Boutique, wo es um interessante Zusammenstellungen verschiedener Marken und Stile geht – zum Beispiel im *Ruby Store* im Gärtnerplatzviertel. Nur liegen die eben nicht Tür an Tür wie in den komplett durchgentrifizierten Straßenstrichen von Paris oder Amsterdam, sondern sind hübsch verteilt. Denn München weigert sich beharrlich, dem Besucher laut „Hip!" entgegenzurufen, das ginge auf Kosten der Gemütlichkeit. Und so muss man an einem Shopping-Nachmittag ein paar Mal die Hood wechseln, was im größten Dorf der Welt allerdings lediglich eine Sache von Minuten ist. Unter der bajuwarisch verzwirbelten Fassade ist München übrigens stilbildend: Der Grafikdesigner Mirko Borsche hat mit seinem Büro jüngst die Logos von Balenciaga und Givenchy überarbeitet – wenn das nicht prägend ist. Und das Kultlabel Acronym, das sogar der bestangezogene Musiker der Welt John Mayer trägt, wurde zumindest in München gegründet (auch wenn Errolson Hugh mittlerweile von Berlin aus arbeitet). Die Designerin *Saskia Diez* hat von ihrem kleinen Laden im Glockenbachviertel aus mit ihrem bezahlbaren Schmuck die Welt erobert, und längst hat sich eine interessante Streetwear-Bewegung „Made in Munich" entwickelt: Der Boxer Tim Yilmaz verkauft unter dem Namen Gym Yilmaz Fair-Trade-Sweater mit Kultstatus, das Label VOR zeitlose Sneakers und das nachhaltige Unterwäsche-Label Vatter kommt ebenfalls aus München. Das Made-in-Germany-Label *„A Kind of Guise"* mit einem kleinen, feinen Laden in der Maxvorstadt wird längst international

geordert. Was alles nicht bedeutet, dass man die Gegend rund um die Maximilianstraße auslassen sollte, im Gegenteil: Das Tolle an München ist ja gerade, dass Alaïa-Kleid-Anproben bei Modelegende Marion Heinrich und Trachtenbegeisterung sich nicht ausschließen. Sondern selbstverständlich koexistieren. So gehört das junge Label Feder Rock in der Rumfordstraße mit seinen brasilianisch angehauchten Janker-Cardigans und Trachten-Pencil-Skirts aus Leder gerade zum Aufregendsten, was die Stadt zu bieten hat. Ja, München ist die liberalste Modestadt der Welt. — JULIA WERNER

MODESHOPS

Ludwig Beck

Ludwig Beck am Rathauseck gehört zur Münchner Innenstadt wie das Glockenspiel zum Rathaus. Dieses Kaufhaus entführt seine Besucher schon seit mehr als 150 Jahren in eine wunderbare Shopping-welt. Auf sieben Etagen finden sich Fashion-, Beauty- und Lifestyle-Produkte.
Marienplatz 11, Altstadt,
Tel.: 089/236910, www.ludwigbeck.de,
Öffnungszeiten: Mo–Sa 10–20 Uhr

Dorothee Schumacher

Der Store der Designerin Dorothee Schumacher liegt, eingebettet in das historische Ambiente des Hofgartens, am Odeonsplatz. Seit 25 Jahren entwirft die Designerin Lieblingsstücke mit viel Liebe zum Detail – eine einzigartige Mischung aus kompromissloser Weiblich-keit und coolem Styling.
Odeonsplatz 11, Altstadt,
Tel.: 089/21268095,
www.dorothee-schumacher.com,
Öffnungszeiten: Mo–Fr 10–19 Uhr,
Sa 10–18 Uhr

MARION HEINRICH

Lodenfrey München am Dom

Angefangen hat alles im Jahr 1842 in einer kleinen Weberei, heute ist das Modehaus eine der bekanntesten Adressen in der bayerischen Landeshauptstadt. Lodenfrey führt sowohl High Fashion als auch tradi-tionelle Mode und Klassiker für jede Altersgruppe. Viele internationale Designer finden sich auf den sechs Etagen. Es ist aber vor allem die riesige Auswahl an traditioneller Trachten- und Lodenbe-kleidung, für die das Kaufhaus weltweit berühmt ist.
Maffeistraße 7, Altstadt,
Tel.: 089/210390, www.lodenfrey.com,
Öffnungszeiten: Mo–Sa 10–20 Uhr

Mohrmann

Die Boutique-Besitzerin Nicole Mohrmann sammelt ihre Schätze in der ganzen Welt, um sie dann in ihren drei liebevoll gestalte-ten Läden in München anzubieten. Eine besondere Augenweide: das tolle Einpack-papier und die Einkaufstüten aus Indien. Mohrmann Basics bietet hochwertige Mode und Accessoires, vom kleinen Arm-bändchen über Clutches und Schuhe bis zu Lifestyle-Produkten.
Maffeistraße 6, Altstadt,
Tel.: 089/25548808,
www.nicolemohrmann.com, Öffnungs-
zeiten: Mo–Fr 10–19 Uhr, Sa 10–18 Uhr

Marion Heinrich

Als „modernes Fashion Spa" bezeichnet Marion Heinrich ihre Boutique, in der sich große Designernamen wie Céline, Diane von Fürstenberg, Manolo Blahnik, Balmain und Jil Sander finden. Für besondere Schnäppchen sollte man unbedingt bei Marion im MH-Outlet in der Hochbrücken-straße 10 vorbeischauen.
Residenzstraße 18, Altstadt,
Tel.: 089/292526,
www.marion-heinrich.com, Öffnungs-
zeiten: Mo–Fr 10–19 Uhr, Sa 10–18 Uhr

HIER STORE

MOHRMANN

La Bretagne

Maritime Mode: Zeitlose Klassiker wie das perfekte Ringelshirt oder die sportliche Seemannsjacke findet man seit mehr als 30 Jahren im La Bretagne. Das in Blau-Weiß gehaltene Geschäft mit anheimelndem Holzboden bietet Damen-, Herren- und Kindermode von ausgewählten Marken wie St. James und Armor Lux.

Kaiserstraße 37, Schwabing,
Tel.: 089/348613,
www.la-bretagne-muenchen.de,
Öffnungszeiten: Mo–Fr 10.30–19 Uhr,
Sa 10.30–14 Uhr

Concept Stores

HIER Store

Top!

Charmant unfertig zeigt sich der Laden von Modedesignerin Stephanie Kahnau. Im „Hier – Studio and Store for Local Design" verkauft sie Produkte von Münchner Künstlern und Designern ebenso wie ihre eigenen Entwürfe. Neben Kleidungsstücken, Brillen, Taschen, Schmuck und Porzellan bietet Kahnau auch veganen Nagellack und Naturkosmetik in hübschen Tiegeln an.

Innere Wiener Straße 24, Haidhausen,
www.hier.studio, Öffnungszeiten:
Mi–Fr 11–19 Uhr, Sa 11–16 Uhr
sowie nach Vereinbarung
(E-Mail an: info@hier.studio)

Schwittenberg

Sandra Schwittau ist nicht nur Synchronsprecherin für unter anderem Bart Simpson und Hillary Swank, sondern schmeißt nebenbei auch noch einen der stilvollsten Concept Stores ganz Münchens auf einer Fläche von 200 Quadratmetern.

Salvatorplatz 4, Luitpoldblock, Altstadt,
Tel.: 089/26019055,
www.schwittenberg.com,
Öffnungszeiten: Mo–Fr 11–19 Uhr,
Sa 11–17 Uhr

Bean

Ein Multi-Brand-Store im Museumsviertel mit einem tollen Mix aus Kleidung, Schuhen und Accessoires von Labels wie Acne, A.P.C., Girl. Band of Outsiders, Libertine und Nike. Die Shopbesitzerin Laura Bohnenberger hat mit Cocii und In God We Trust außerdem zwei junge und bezahlbare Schmucklabels entdeckt. In diesem Laden findet man Lieblingsstücke!

Theresienstraße 25, Maxvorstadt,
Tel.: 089/46133489, www.bean-store.de,
Öffnungszeiten: Mo–Sa 11–19 Uhr

Ruby Store

In diesem minimalistischen Store werden exklusive Damen- und Herrenbekleidung von skandinavischen Labels wie Acne, Wood und Disco Copenhagen angeboten.
Reichenbachstraße 37, Isarvorstadt, Tel.: 089/18950674, www.ruby-store.com, Öffnungszeiten: Mo–Fr 11–19 Uhr, Sa 10.30–19 Uhr

Apropos

Ein Concept Store, wie man ihn sich vor-stellt: Neben internationalen Labels (zum Beispiel Charlotte Olympia und Haider Ackermann) findet man hier auch eine exklusive Auswahl an Interior, Büchern und Beauty mit Marken wie Fornasetti und John Derian.
Promenadeplatz 12, Altstadt, Tel.: 089/24292141, www.apropos.com, Öffnungszeiten: Mo–Sa 10–19 Uhr

Sois Blessed

Top!

Hinter dem Bayerischen Hof liegt ein hochmoderner Concept Store, der sich selbst lieber „Werte-Store" nennt: Auf 230 Quadratmetern kuratiert Inhaberin Ruth Gombert avantgardistische Arbeiten vielversprechender junger Mode- und Produktdesigner, die allesamt auf Nach-haltigkeit und faire Produktion setzen. Ein Tagescafé und ein fantastisch sortierter Blumenladen, wie man ihn seit der Schließung des alten „Kokons" am Len-bachplatz sehnlichst in dieser Gegend vermisste, runden das Konzept ab.
Prannerstraße 10, Altstadt, Tel.: 089/20941800, www.soisblessed.com, Öffnungszeiten: Mo–Fr 10–19 Uhr, Sa 10–18 Uhr

SOIS BLESSED

MÜNCHNER DESIGNER

Ayzit Bostan

Donald Duck, die Stones-Zunge oder die türkische Flagge – Ayzit Bostan wurde mit ihren Icons-Sweatern berühmt. Das Label der deutsch-türkischen Designerin hat aber weitaus mehr zu bieten: minimalistische Kleider und Mäntel, fließende Stoffe und hochwertige Ledertaschen. Ayzit Bostan bewegt sich an der Schnittstelle von Mode und bildender Kunst – sie unterrichtet auch als Professorin an der Kunsthochschule Kassel.
Erhältlich bei: Schwittenberg, Salvatorplatz 4, Altstadt, www.ayzitbostan.com/shop

Talbot Runhof

Die Abendmode von Adrian Runhof und Johnny Talbot hat es bis nach Hollywood geschafft: Lady Gaga, Angelina Jolie und Julia Roberts trugen schon Kleider der Münchner Designer auf den roten Teppichen. Jedes Modell des Labels ist ein Unikat und entsteht in sorgfältiger Handarbeit.
Theatinerstraße 27, Preysing Palais, Altstadt, Tel.: 089/200075220, www.talbotrunhof.com, Öffnungszeiten: Mo–Sa 10–19 Uhr

A Kind of Guise

Das kleine Münchner Modelabel startete 2009 als Studentenprojekt mit der Herstellung von Taschen. Im Laufe der Zeit kam Männermode hinzu, dann eine Kollektion für Frauen. Die Produktion der Trenchcoats, Strickpullover und Streifenhemden erfolgt ausschließlich in Deutschland. Auch die Taschen, Laptop- und iPad-Cases aus feinem Leder sind etwas ganz Besonderes.
Adalbertstraße 41b, Maxvorstadt, Tel.: 089/72669611, www.akindofguise.com, Öffnungszeiten: Mo–Fr 12–19 Uhr, Sa 11–18 Uhr

Antonia Zander

Das Label Antonia Zander wurde 1980 von Elke Zander gegründet, die ihr Unternehmen nach ihrer Tochter benannte. 2005 übernahm diese selbst das Label, das seine fancy Kaschmirmode übrigens in Italien produzieren lässt.
Erhältlich bei: Mohrmann Basics, Maffeistraße 6, Fünf Höfe, Altstadt; Lodenfrey, Maffeistraße 7, Altstadt; Ladoug, Müllerstraße 30, Isarvorstadt; Apropos, Promenadeplatz 12, Altstadt; www.antoniazander.de

Bea Bühler

Die Produktdesignerin und Innenarchitektin Bea Bühler lebt und arbeitet zwar mittlerweile in Paris, wo auch ihre wunderschönen minimalistischen Taschen hergestellt werden – zum Glück hat sie aber in München einen Showroom behalten. Unbedingt vorbeischauen.
Entenbachstraße 47, Au, Tel.: 0163/4436184, www.beabuehler.com, Besichtigung nach Vereinbarung atelier@beabuehler.com

WEITER AUF SEITE 22 ➔

Jelena Hofmann &
Sedina Halilovic

—

Designerinnen und Gründerinnen des Modelabels Mykke Hofmann

—

Wäre München ein Kleidungsstück, wie sähe es aus?
Sedina Halilovic: Ein fließendes, bedrucktes Seidenkleid. Etwas Subtiles, das nicht allzu sehr auffällt.
Jelena Hofmann: Eine schmale Hose, ein voluminöser Kaschmirpullover und ein schlichter Mantel. Dazu Slipper von Tods.

Wo trifft man in München die Modeszene?
Jelena Hofmann: In der Innenstadt gibt es ein paar schöne neue Spots wie das *Hearthouse,* in dem man von morgens bis abends verweilen kann. Der neue Concept Store *Sois Blessed* hat eine super Auswahl an Kleidung und Interior-Sachen. Ganz nebenbei unterstützt man durch den Einkauf dort auch noch ein tolles soziales Projekt.

Drei Dinge, die Sie an freien Tagen gern in München unternehmen?
Sedina Halilovic: Weißwurst essen am Viktualienmarkt, im Englischen Garten spazieren gehen und das Museumsviertel besuchen.

Wo finden Sie einzigartige Geschenke für Freundinnen?
Jelena Hofmann: Im Glockenbach gibt es viele kleine Shops für charmante Mode- oder Wohnaccessoires. Im *SODA Books* findet man ausgefallene nationale und internationale Presse, tolle Mode- und Architekturmagazine und Kunstbücher. Der Klassiker für Schreibwaren: *Kaut Bullinger,* und der Klassiker für den Haushalt: *Kustermann.* Durch die Antiquitätengeschäfte im Glockenbachviertel zu schlendern lohnt sich auch immer, das sind regelrechte Schatzkammern.

Wie belohnt sich die Münchnerin nach einem erfolgreichen Tag?
Jelena Hofmann: Sie trifft sich mit ihren Freundinnen auf einen
Drink in einer der guten Cocktailbars: The Circle im *Hearthouse*,
der *Goldenen Bar* oder dem *Schumann's*.

Sois Blessed – Prannerstraße 10 / *Hearthouse* – Lenbachplatz 2 / *SODA Books* –
Rumfordstraße 3 / *Kaut Bullinger* – Rosenstraße 8 / *Kustermann* – Viktualienmarkt 8 /
Goldene Bar – Prinzregentenstraße 1 / *Schumann's* – Odeonsplatz 6

Allude

Die Designerin Andrea Karg widmet sich schon seit mehr als 20 Jahren einem der teuersten Rohstoffe der Modewelt: Kaschmir. Die weichen Cardigans und zarten Wickeltops von Allude werden seit einigen Saisons sogar in Paris gezeigt.
Erhältlich bei: Apropos, Promenadeplatz 12, Altstadt; Zusann Mode, Wiener Platz 8, Haidhausen; www.allude-cashmere.com

Mykke Hofmann

Die beiden Münchner Designerinnen Jelena Hofmann und Sedina Halilovic riefen 2010 das Label „Holy Ghost" ins Leben. Mittlerweile firmieren sie unter dem Namen „Mykke Hofmann", der sich aus Sedinas Spitznamen und Jelenas Nachnamen zusammensetzt. Bekannt sind sie weiterhin für ihre feminin bis toughen Kollektionen. Zu romantischen Seidenblusen gesellen sich hier kurze Ledershorts, zu pastellfarbenen Overalls asymmetrische Kleider. Die beiden Frauen haben mittlerweile eine eigene Produktionsstätte in Serbien, wo sie auf faire Arbeitsbedingungen achten.
Mykke Hofmann Store, Fraunhoferstraße 11, Isarvorstadt, Tel.: 089/20350186, Öffnungszeiten: Mo, Di, Do & Fr 10–19 Uhr, Sa 12–18 Uhr

Clemens en August

Die Kollektionen des Labels stehen für puristischen Stil und außergewöhnliche Qualität zu fairen Preisen. Designer Alexander Brenninkmeijer organisiert „Fashion-Touren" in verschiedenen Städten, bei denen er exklusiv seine Stücke verkauft.
Infos dazu gibt's online: www.clemens-en-august.com

WOMOM

Avantgardistisches Münchner Label für Schwangere, das ebenso gut von Nicht-Schwangeren getragen werden kann.
Erhältlich bei: Phasenreich, Reichenbachstraße 23, Gärtnerplatzviertel, www.womom.de

MYKKE HOFMANN

APROPOS
THE CONCEPT STORE

PROMENADEPLATZ 12

Im pulsierenden Herzen der Münchener Altstadt gelegen, befindet sich am Promenadeplatz 12 eine der besten Adressen für luxuriöse Damen- und Herrenmode und ein exklusives Shopping-Erlebnis: APROPOS – The Concept Store. Wie der Name bereits vermuten lässt, geht es hier nicht alleine um Kleidung, sondern vielmehr um ein Zusammenspiel aus Mode, Interior und Lifestyle. Ob luxuriöse und edle Designer-Pieces, kostbare Duftkerzen oder Deko-Objekte mit dem gewissen *je ne sais quoi* – jeder wird hier fündig. Das kosmopolitische Interieur, bestehend aus Bildern und Objekten von weltbekannten Künstlern, rundet das Gesamtbild der kuratierten Konzeptwelt ab. Materialien wie Bronze, Marmor oder Onyx und warme Farben unterstreichen das eklektische Produktportfolio und lassen den Besuch zu einem unvergleichlichen Genuss für die Sinne werden. Besondere Highlights bilden selektierte Kleinmöbel wie Tische und Hocker sowie Spiegel und Vasen, die, dem Concept-Store-Gedanken von APROPOS entsprechend, alle käuflich zu erwerben sind und das Herz eines jeden Interior-Liebhabers höherschlagen lässt.

Entdecken Sie bei APROPOS – The Concept Store internationale Top-Labels wie Balenciaga, Alexander McQueen, Gucci, Valentino, Off-White, Dsquared2, Petar Petrov, The Elder Statesman, Christian Louboutin, Neil Barrett, Nili Lotan, Ganni, Fornasetti, Baobab Collection, Assouline, Bioeffect und viele mehr.

SASKIA DIEZ

Schmuck

Saskia Diez

Wer nach schlichtem, unaufgeregtem Schmuck sucht, ist bei Saskia Diez genau richtig. Die Kreationen sind einzigartig und elegant, ihre Stücke voller Klarheit und Simplizität. Die Designerin legt großen Wert auf Material und Verarbeitung. Das edle Eckmöbel in ihrem Showroom im Glockenbachviertel, in dem sie alle ihre Kreationen aufbewahrt, hat die Designerin zusammen mit ihrem Mann Stefan Diez entworfen.

Geyerstraße 20, Ludwigsvorstadt, Tel.: 089/22845367, www.saskia-diez. com, Öffnungszeiten: Di–Fr 11–19 Uhr, Sa 11–17 Uhr sowie nach Vereinbarung

Cocii Jewels

In einem Laden, der eine Mischung aus Showroom und Werkstatt ist, fertigt die Schmuckdesignerin Claudia Lassner unter dem Namen Cocii Jewels zarte, cool-anmutige Schmuckstücke von grandioser Zeitlosigkeit. Sie teilt sich ihr Geschäft mit der Taschenmacherin Kathrin Heubeck, über deren Taschen man das gleiche sagen kann: cool und zeitlos.

Corneliusstraße 12, Gärtnerplatzviertel, Tel.: 0177/4911114, www.cocii.de, Öffnungszeiten: Mi–Fr 11–19 Uhr, Sa 11–16 Uhr.

Apher Jewelry

Eine der interessantesten Newcomer im Bereich Schmuck ist Angela Geisenhofers Label Apher Jewelry. Eigenwillige Stücke mit punkiger Attitüde – unbedingt im Auge behalten.

Atelier und Showroom in der Katharina-von-Bora-Straße 8a, Maxvorstadt, Termin nach Vereinbarung. Aktuelle Informationen und Kontakt auf apher-jewelry.com oder via DM auf Instagram unter @apher_jewelry

World of Time

Der kleine Uhrenladen in Münchens Altstadt bietet ausgewählte Vintage-Uhren für Damen von Rolex, Bulgari, Cartier und Tiffany. Der Ladenbesitzer und Uhrenexperte Ralf Meertz heißt in seinem Reich die unterschiedlichsten Leute willkommen.

Prannerstraße 13, Altstadt, Tel.: 089/12713942, www.worldoftime.de, Öffnungszeiten: Mo–Fr 10–18 Uhr, Sa 10–15 Uhr

Hemmerle

Das Schmuckunternehmen Hemmerle hat eine lange Tradition: 1893 gegründet und mit dem Titel „Königlich Bayerischer Hoflieferant" ausgezeichnet, ist Nachfahre Stefan Hemmerle auch heute noch für seine außergewöhnlichen Kollektionen bekannt, die vom Stil des Bauhauses und der Neuen Sachlichkeit beeinflusst sind.

Maximilianstraße 14, Altstadt, Tel.: 089/2422600, www.hemmerle.de, Öffnungszeiten: Mo 12–18 Uhr, Di–Fr 10–18 Uhr, Sa 10–16 Uhr

Ventil

Die Arbeiten der beiden Schmuckdesigner, deren Werkstatt und Laden im schönen Haidhausen auch als Galerie genutzt wird, könnten unterschiedlicher nicht sein: Hans Gericke fertigt kraftvoll-massive

Gold- und Silberringe, Doris Sachers Schmuck ist dagegen filigran und zart. Neben dem handgefertigten Designschmuck sind hier auch jederzeit Einzelanfertigungen möglich. *Steinstraße 17, Haidhausen, Tel.: 089/481340, www.ventil-schmuck.de, Öffnungszeiten: Di–Fr 11–19 Uhr, Sa 10–14 Uhr*

Lingerie

Chou Chou Voyeur

Eine kleine, exklusive Lingerie-Boutique in der Maxvorstadt. Hier findet man nicht nur klassische Dessous aus Spitze, sondern auch außergewöhnliche Latexmode. Dank der angenehmen Beratung der Geschäftsführerin und dem plüschigen Interior fühlt man sich hier wirklich wohl. *Türkenstraße 45, Maxvorstadt, Tel.: 089/79034377, www.chouchouvoyeur.com, Öffnungszeiten: Mo–Fr 12–19 Uhr, Sa 12–18 Uhr*

Krines Dessous

Eine der besten Unterwäschen-Adressen der Stadt! Auf zwei Etagen werden hier Bademoden und Lingerie angeboten, die nicht nur qualitativ hochwertig sind, sondern auch perfekt sitzen. Franziska Krines bietet neben ihrer Auswahl von La Perla bis Princess Tam Tam einen besonderen Service für ihre Kundinnen an: Die Wäsche kann auf Wunsch im eigenen Schneideratelier geändert werden. *Residenzstraße 19 (Residenzpassage), Altstadt, Tel.: 089/2106950, Öffnungszeiten: Mo–Fr 10–19 Uhr, Sa 10–18 Uhr*

Brillen

Optik Hartogs

Der Klassiker unter den Münchner Optikern bietet die gesamte Palette moderner Brillenmode. Große Auswahl an Sonnen-brillen seltener und avantgardistischer Labels. Die wechselnden Schaufensterdeko-rationen sind echte Kunstinstallationen. *Leopoldstraße 27, Schwabing, Tel.: 089/333312, www.optik-hartogs.de, Öffnungszeiten: Mo–Fr 9–19.30 Uhr, Sa 10–18 Uhr*

Optik Bartholomä

Bester Optiker der Maxvorstadt. Kleines, aber stilsicheres und ausgefallenes Sortiment. Die Schaufenster werden von Künstlern gestaltet, mit Witz und politischer Message. *Schellingstraße 13, Maxvorstadt, Tel.: 089/281231, www.optikbartholo-mue.de, Öffnungszeiten: Mo–Fr 10 19 Uhr, Sa 10–18 Uhr*

Viu

Erst im Herbst 2018 hat das Schweizer Brillenlabel Viu einen neuen Store in Schwa-bing eröffnet. Herzstück des Ladens ist die raumgreifende Wand aus bronzefarbenem Metall. Auf rund 75 Quadratmetern wird die gesamte Kollektion aus Korrektur- und Sonnenbrillen präsentiert. Das Label arbei-tet auch mit Münchner Designern zusam-men, etwa mit der Schmuckdesignerin Saskia Diez, die für Viu eine mit 22-karäti-gem Gold veredelte Korrekturbrille entwarf. *Feilitzschstraße 3, Schwabing, Tel.: 089/38037909, Öffnungszeiten: Mo–Fr 11–19 Uhr, Sa 11–18 Uhr*

Schuhe

Indigo

Direkt am Gärtnerplatz bietet dieses kleine Familiengeschäft eine riesige Aus-wahl an guten französischen Espadrilles von Schuhgröße 35 bis 47. *Corneliusstraße 16, Isarvorstadt, Tel.: 089/2012728, www.indigo-store.de, Öffnungszeiten: Mo–Fr 11–19 Uhr, Sa 11–18 Uhr*

Top!

Mytheresa Store

Diesen Laden können Sie gar nicht übersehen – die Schaufenster präsentieren ein so tolles Sortiment, dass man einfach hinschauen muss. Das edle Kaufhaus mit dem bekannten Onlineshop mytheresa.com bietet auf drei Etagen natürlich auch feinste Mode, Handtaschen und Accessoires.
Maffeistraße 3, Altstadt, Tel.: 089/224845, www.theresa.de, Öffnungszeiten: Mo–Fr 10–19 Uhr, Sa 10–18 Uhr

Ed Meier

Mit Gründung im Jahr 1596 ist Eduard Meier, von seinen Werbeplakaten besser bekannt als Ed Meier, das älteste noch existierende Schuhgeschäft Deutschlands. Der ehemals Königlich Bayerische Hoflieferant bietet heute neben eleganten Lederschuhen und -accessoires auch klassisch englische Damen- und Herrenkleidung aus Loden und Tweed.
Brienner Straße 10, Altstadt, Tel.: 089/225002, www.edmeier.de, Öffnungszeiten: Mo–Sa 10–19 Uhr

Ludwig Reiter

Obwohl die edle Schuhmanufaktur 1885 in Wien gegründet wurde, gilt der Stil der eleganten Stiefel und Lederwaren von Ludwig Reiter mittlerweile auch als typisch münchnerisch. Fast jeder, der etwas auf sich hält, trägt die zeitlosen Modelle, die man ein Leben lang sein Eigen nennen kann.
Burgstraße 8, Altstadt, Tel.: 089/94301370, www.ludwigreiter.de, Öffnungszeiten: Mo–Fr 10–19 Uhr, Sa 10–18 Uhr

VOR shoes

Junges Münchner Sneakerlabel, das bereits Weltruhm erlangt hat. Das minimalistische Design des lokal produzierten und ultrahochwertigen VOR-Schuhwerks begeistert – verzeihen Sie die pauschale Anmaßung – jeden.
Utzschneiderstraße 7, Altstadt, Tel.: 089/21022120, www.vor.shoes, Öffnungszeiten: nach Vereinbarung, VOR shoes sind auch erhältlich bei Oberpollinger

Halfs

Traumhafter Schumacher direkt am Englischen Garten. Hier gibt es die schönsten, modernsten und gleichzeitig zeitlosesten rahmengenähten Lederschuhe Münchens, außerdem die elegantesten Haferlschuhe für Mann und Frau weit und breit. Kategorie: Anschaffung fürs Leben.

MYTHERESA

HALFS

Feilitzstraße 35, Schwabing,
Tel.: 089/24401770, www.halfs.de,
Öffnungszeiten: Di–Fr 11–18 Uhr,
Sa 11–15 Uhr

Secondhand / Vintage

Vintage Love

Dass „Vintage" übersetzt „auserlesen"
bedeutet, wird in diesem Laden wörtlich
genommen. Ein sehr gut sortiertes Angebot mit ausgesuchten Kleidern, Schuhen,
Accessoires und Taschen, in dem man nicht
lange suchen muss. Sehr zu empfehlen:
die wunderschöne Auswahl an Dirndln und
Schürzen aus den 50er- bis 70er-Jahren.
Frauenstraße 22, Altstadt,
Tel.: 089/25542207,
www.vintageandmore.de, Öffnungszeiten:
Mo–Fr 13–19 Uhr, Sa 13–18 Uhr

Marietta Maier-Spitzbarth *Top!*

Absoluter Klassiker in der Maxvorstadt und
ein echtes Vorzeigegeschäft in Sachen
Vintage und Second-Hand – ehrlich, warm-
herzig, kompetent. Immer zugegen: der
Mops der Besitzerin. Tochter Frauke
Spitzbarth unterhält seit kurzem ihre eigene
Vintage-Boutique direkt nebenan.
Konkurrenz? Ergänzung!
Schellingstraße 73, Maxvorstadt,
Tel.: 089/285789, Öffnungszeiten:
Mo–Fr 12–19 Uhr, Sa 11–16 Uhr

Pure & Simple

Der exklusive Secondhandladen Pure & Simple
im Glockenbachviertel hält, was der Name ver-
spricht: Hier gibt es Damenmode, Schuhe
und Accessoires aus erster und zweiter
Hand. Auf zwei Etagen verteilt, findet man
Stücke von Hermès, Prada, Chanel und
Diane von Fürstenberg zu fairen Preisen.
Müllerstraße 31, Isarvorstadt,
Tel.: 089/23000499, Öffnungszeiten:
Mo–Fr 11–19 Uhr, Sa 11–16 Uhr

Capricorn Store

Winziger Laden mit handverlesenen
Vintage-Teilen, denen man kaum ansieht,
dass sie zuvor schon einmal getragen
wurden. Taschen, Nagellack und Schmuck
gibt es hier auch – prima Laden für ein
kleines Geschenk an sich selbst.
Reichenbachstraße 30, Gärtnerplatz-
viertel, Tel.: 089/23962289,
www.capricorn-store.com,
Öffnungszeiten: Di–Sa 11–19 Uhr

Nachhaltige Mode

DearGoods

Dass sich schicke Schuhe, tolle Mode,
außergewöhnliche Accessoires und ein
gutes Gewissen nicht ausschließen müssen,
beweist Nicole Noli mit ihrem Concept
Store DearGoods. In mittlerweile drei Filia-
len gibt es Mode von umwelt-, tier- und
menschenfreundlichen Marken wie People
Tree, Beyond Skin, Leibschneider oder
Good Guys. Entweder sind die Stücke mit
Zertifikaten versehen oder werden beim
Einkauf selbst überprüft.
Friedrichstraße 28, Schwabing,
Tel.: 089/45245394, Öffnungszeiten:
Mo–Fr 10.30–20 Uhr, Sa 10–18.30 Uhr;
Am Glockenbach 12, Isarvorstadt,
Tel.: 089/46228951, Öffnungszeiten:
Mo–Fr 11–19 Uhr, Sa 10.30–18 Uhr;
Baaderstraße 65, Isarvorstadt,
Tel.: 089/18932863, Öffnungszeiten:
Mo–Fr 11–19 Uhr, Sa 11–18 Uhr;
www.deargoods.com

WEITER AUF SEITE 30 ➜

Café Mio – Lamontstraße 22 / *Koi* – Wittelsbacherplatz 1 / *La Cucina* – Neherstraße 9 / *The Victorian House* – Frauenstraße 14 / *Schwittenberg* – Salvatorplatz 4 / *Drunken Dragon* – Müllerstraße 51 / *Trisoux* – Müllerstraße 41 / *Charlie* – Schyrenstraße 8 / *Lemoni Store* – Barer Straße 8 / *Mohrmann Basics* – Maffeistraße 6 / *Zum Fischmeister* – Seeuferstraße 1, 82541 Münsing / *Verdi* – Landwehrstraße 46

Kerstin Weng
—
Chefredakteurin InStyle
—

Wo treffen Sie sich zum Business-Lunch?
Ich liebe das *Café Mio* in Bogenhausen. Wenn es schicker sein soll, reserviere ich im *Koi* am Wittelsbacherplatz. Im Sommer super: draußen sitzen im *La Cucina* und Calamari vom Grill essen.

Ein idealer Tag mit Freundinnen in München?
Frühstücken im Eggs-Benedict-Paradies *The Victorian House* in der Frauenstraße beim Viktualienmarkt, danach durch die Stadt bummeln. Abendessen im *Drunken Dragon,* dann ein paar Meter weiter ins *Trisoux* für Drinks und später im *Charlie* tanzen.

Wo kaufen Sie in München am liebsten Kleidung, Schmuck und Accessoires ein?
Im *Schwittenberg.* Kleine Lifestyle-Geschenke finde ich im *Lemoni Store.* Ein Klassiker, aber einfach eine bewährte Fundgrube für Mode, Accessoires und hübschen Firlefanz jeglicher Art: *Mohrmann Basics* in den Fünf Höfen.

Drei Orte, an denen Sie in München garantiert den Kopf freikriegen?
Bei Kaffee und Kuchen im *Zum Fischmeister* in Münsing am Starnberger See und bei einem Spaziergang durch den Nymphenburger Schlosspark. Macht man als Münchnerin leider viel zu selten.

Ihr Lieblingsviertel?
Das Schlachthof- und das Bahnhofsviertel. Hier ist München nicht verzickt und Bussi-Bussi, sondern ehrlich und entspannt. Mein Lieblingssupermarkt ist der *Verdi* in der Landwehrstraße: Man findet hier jedes erdenkliche Gemüse. Im Schlachthofviertel kann man toll aus- und essen gehen.

iki M.

Christina Morcego und Bätty Ilknur Fieger-Mete eröffneten 2008 ihre grüne Boutique, in der sie fair produzierte und ökologisch korrekte Mode von Armed Angels, People Tree und Kuyichi anbieten.
Adalbertstraße 45, Eingang Barer Straße, Maxvorstadt, Tel.: 089/954938 25, www.iki-m.de, Öffnungszeiten: Di–Fr 11–19 Uhr, Sa 11–18 Uhr

Veganista

Der kleine Concept Store in der Maxvorstadt bietet neben veganer und fair gehandelter Mode und Accessoires auch ein Mini-Café. In Rahel Goldners süßer Boutique hängen Pullover von Vaute Couture und Schmuck von People Tree, es gibt Gürtel aus Kork, vegane Taschen und Ballerinas von Jonny's Vegan.
Barer Straße 36, Maxvorstadt, Tel.: 089/95444895, www.veganista-muc.de, Öffnungszeiten: Di, Mi, Fr 11–19 Uhr, Do 14–20 Uhr, Sa 11–18 Uhr

Do It Yourself

Künstlerbedarf Schachinger

Schöner, alteingesessener Laden, der seit 1877 besteht, mit einer riesigen Auswahl an Farben, Pinseln und Papieren. Da die Mitarbeiter zum Teil selbst künstlerisch tätig sind, wird man hier so gut beraten wie nirgendwo sonst.
Josephspitalstraße 6, Altstadt, Tel.: 089/263675, www.schachinger-muenchen.de, Öffnungszeiten: Mo–Fr 9.30–19 Uhr, Sa 10–18 Uhr

Boesner

Das Mekka für jeden Künstler: Pinsel, Leinwände, Farbe, Rahmen, Staffeleien – Boesner genießt in München seit jeher einen guten Ruf. 2016 hat das Unterneh-men eine 1000 Quadratmeter große Filiale im angesagten Werksviertel am Ostbahnhof eröffnet, wo ohnehin viele Kunstschaffende zuhause sind.
Atelierstraße 18, Berg am Laim, Tel.: 089/402879390, www.boesner.com, Öffnungszeiten: Mo–Di & Do–Sa 9.30–18.30 Uhr, Mi 9:30–20 Uhr

Geknöpft und zugenäht (Kurzwaren von Ludwig Beck)

Zuverlässige Auswahl an Bändern, Knöpfen, Kordeln, Garnen, Wolle (präsentiert auf einer zwölf Meter langen Wollwand!) und Stoffen. Mittwochnachmittags gibt eine Expertin Strick-„Nachhilfe"!
Burgstraße 7, Altstadt, Tel.: 089/23691402, Öffnungszeiten: Mo–Sa 9.30–20 Uhr

Kremer Pigmente

Fachgeschäft, das Produkte für die Restaurierung, anspruchsvolle Malerei und Denkmalpflege anbietet. Mehr als 1500 Pigmente, die teils in Handarbeit in der Farbmühle hergestellt werden. Außerdem: Mal-, Binde- und Klebemittel, Farbteige, Ölfarben, Lösemittel, Farbkarten, Pinsel …
Barer Straße 46, Maxvorstadt, Tel.: 089/285488, www.kremer-pigmente.com, Öffnungszeiten: Mo–Fr 10–13 Uhr & 14–18 Uhr, Sa 10–12 Uhr

Die Mercerie

Besonders schöne Wolle, Garne und Strick-
zubehör auf 150 Quadratmetern. Im
integrierten Café darf munter gemeinsam
gestrickt und gehäkelt werden. Zudem
bietet die Mercerie regelmäßig Strick-,
Häkel- und Stickkurse an – für Anfänger
und Fortgeschrittene.
*Nymphenburger Straße 96, Neuhausen,
Tel.: 089/12003316, www.diemercerie.com,
Öffnungszeiten: Mo–Fr 10–18.30 Uhr,
Sa 10–14 Uhr*

Leder Baumann

Ein Fachgeschäft der guten alten Art, das
man eigentlich unter Bestandsschutz stellen
sollte. Nicht nur Leder und Felle findet man
hier, sondern auch Riemen, Gürtel, Werkzeu-
ge zur Lederbearbeitung, Nieten, Schließen,
Schnallen und Pflegemittel – alles umweht
von einem angenehmen Ledergeruch.
*Herzog-Wilhelm-Straße 27, Altstadt,
Tel.: 089/2604284,
www.leder-baumann.de, Öffnungszeiten:
Mo–Fr 10–18 Uhr, Sa 10–14 Uhr*

Perlenmarkt

Seit mehr als 30 Jahren gibt es hier eine
Riesenauswahl an Perlen: von Swarovski-
Steinen bis hin zu original indischen
Glasperlen.
*Nordendstraße 28, Schwabing,
Tel.: 089/2710576, www.perlenmarkt.de,
Öffnungszeiten: Mo–Fr 10–19 Uhr,
Sa 10–17 Uhr*

Flohmärkte

Theresienwiese Top!

Der größte Flohmarkt Bayerns auf der
Theresienwiese ist immer einen Besuch
wert, findet aber leider nur einmal im Jahr
statt, Ende April während des Frühlings-
fests. Hier verkaufen mehr als 2000
Aussteller zu Füßen der Bavaria-Statue.

*Mehr Infos unter:
www.brk-muenchen.de/aktuelles/
aktionen-veranstaltungen/rotkreuz-
flohmaerkte/flohmarkt-theresienwiese*

Trabrennbahn Daglfing

Auf dem großzügigen Freigelände der
Trabrennbahn Daglfing finden sich jedes
Wochenende die hartgesottenen Floh-
markt-Fans ein. Los geht es hier schon
um 6 Uhr morgens. Bis circa 15 Uhr bieten
Händler und Privatverkäufer ihre Waren
feil – freitags und samstags. Spannend
sind auch die Antikhallen, durch die man
zusätzlich bummeln kann.
*Trabrennbahn München-Daglfing,
Rennbahnstraße 35,
www.flohmarkt-daglfing.de*

Parkharfe im Olympiapark

Ein Klassiker unter den Münchner Floh-
märkten ist der auf der Parkharfe im
Olympiapark. Wo sonst die Besucher
großer Konzertveranstaltungen parken,
tummeln sich am Samstagmorgen die
Schnäppchenjäger. Los geht es immer
um 7 Uhr.
*Sapporobogen, Olympiapark,
Milbertshofen*

KREMER PIGMENTE

DIE AUER DULT

Die Auer Dult um die Mariahilfkirche in der Au einfach nur als „Jahrmarkt" zu bezeichnen, würde ihr nicht gerecht werden. Vielmehr ist diese Münchner Institution, die dreimal im Jahr stattfindet – nämlich als *Maidult, Jakobi-* oder *Sommerdult* sowie im Herbst als *Kirchweihdult* –, ein einzigartiges Konglomerat aus Rummelplatz, Tandler- und Trödelmarkt. Schon die Malerin Gabriele Münter, die den Blauen Reiter mitbegründete, und die legendäre Puppenkünstlerin Lotte Pritzel haben hier zu Anfang des 20. Jahrhunderts stuckierte Rahmen und geschnitzte Sockel für ihre Arbeiten gesucht. Heute lichtet ein „Hoffotograf" seine Kundschaft in historischen Kostümen ab, während die Kinder sich auf dem Karussell oder im Kasperltheater vergnügen. Die Marktleute bieten ihre Weißwurstschüsseln, Steinzeugtöpfe und Bierkrüge feil oder versuchen, gedrechselte Kochlöffel und Brotzeitbrettl an den Mann zu bringen, während die Marktschreier laut ihren „Warzentod" oder den besten Gurkenhobel anpreisen.

Altertumshändler heißen in München schlicht „Tandler" und haben u. a. Gemälde, Glas, Keramik und Kleinmöbel im Angebot – wie etwa Paul Eichinger, der einen festen Dultstand im Laden vom *Münchner Stadtmuseum* hat. Darüber hinaus gibt es historische Textilien, Lederhosen, Bücher (Maria und Petra Hammerstein), Papierantiquitäten, Spielzeug (Maximilian Fritz), Reklameartikel, Volkskunst und Schmuck zu bestaunen und natürlich auch zu kaufen. Es darf und soll sogar gehandelt werden.

Seit mindestens 100 Jahren bekommt man vom alteingesessenen Münchner kopfschüttelnd zu hören: „Auf der Dult, da findst ja nix mehr, kein Vergleich mit früher …" Glauben Sie ihm lieber nicht! Vermutlich werden Sie ihm bei Ihrem nächsten Dultbummel sogar über den Weg laufen: schwer bepackt mit Taschen, in denen sich seine neu erstandenen Schätze befinden, oder genüsslich seine Schweinswürstl mit Sauerkraut oder seinen Steckerlfisch (besonders zu empfehlen: Makrelen) verzehrend. Und als Nachtisch sorgt eine Dampfnudel mit Vanillesoße oder ein Tütchen gebrannte Mandeln für größtmögliche Zufriedenheit!

Die Auer Dult dauert jeweils 9 Tage, Verkaufszeiten sind von 10–20 Uhr. Termine unter www.auerdult.de.

TRABRENNBAHN DAGLFING

Nachtkonsum

Im Winter suchen die Münchner lieber im Warmen nach Schnäppchen: Von November bis zum Frühjahr organisieren die Veranstalter von „Nachtkonsum" Flohmärkte in der TonHalle. Einlass ist um 17 Uhr, bis 23 Uhr können die Besucher Kleider, Geschirr, Bücher und allerhand Kurioses shoppen. Hier zahlen die Besucher allerdings 3 Euro Eintritt.
TonHalle München, Piusstraße 11, Berg am Laim, Termine unter: www.nachtkonsum.com/muenchen

Hofflohmärkte

Bei den Hofflohmärkten in den verschiedenen Münchner Stadtvierteln, die von April bis Oktober stattfinden, verkaufen die Anwohner an bestimmten Wochenenden alles aus ihren Kellern, Dachböden, Gärten und Garagen, das sie gerne loswerden möchten. Dazu gibt es in vielen Höfen selbstgemachten Kuchen und Waffeln. Bunte Luftballons an den Hoftoren weisen den Weg.
Termine unter: www.hofflohmaerkte.de/ muenchen

Küchenzubehör & Kochbücher

Kustermann

Der Klassiker für Küchenzubehör und Kochbücher – Kustermann hat die größte Auswahl und ist beliebt für Hochzeitslisten.
Viktualienmarkt 8, Altstadt, Tel.: 089/237250, www.kustermann.de, Öffnungszeiten: Mo–Sa 10–20 Uhr

Shu Shu Japanese Design

Inhaberin Satomi Suzuki wartet in ihrem Store mit Designstücken aus Japan auf. „Shu Shu" leitet sich vom japanischen Begriff für „Sammlung" ab. So wird jedes Stück von Suzuki handverlesen, um den Münchnern die japanische Handwerkskunst näherzubringen.
Neuturmstraße 2, Altstadt, Tel.: 089/25549061, www.shushu-munich.com, Öffnungszeiten: Mo–Sa 11–19 Uhr

Papeterie

Prantl

Die Papiere und Karten des Traditionsunternehmens gelten in München als Statussymbol – und das seit 1797. Damals leisteten sich selbst bankrotte Adelige noch den Luxus, dort Briefpapier und Visitenkarten in Auftrag zu geben. Der ehemalige Königlich Bayerische Hoflieferant hat sein Ladengeschäft heute im Luitpoldblock. Neben dem modernen Offset-Druck werden nach wie vor Stahlstich- und Kupferstichprägungen gefertigt.
Brienner Straße 11 (Eingang am Amiraplatz), Altstadt, Tel.: 089/223436, www.prantl.de, Öffnungszeiten: Mo–Fr 10–18 Uhr, Sa 10–15 Uhr

WEITER AUF SEITE 36 →

Antonia Wille,
Amelie Kahl,
Milena Heißerer

—

Gründerinnen des Modeblogs amazedmag.de

—

Wie würden Sie den Münchner Stil beschreiben?

Milena Heißerer: Der Münchner Stil befindet sich, wie die Stadt selbst, irgendwo zwischen französischer Eleganz, Wiener Lässigkeit und italienischem Luxus.

Wo gehen Sie am liebsten shoppen?

Amelie Kahl: Auf dem *Daglfinger Flohmarkt*, dem *Flohmarkt am Olympiapark* und Vintage-Boutiquen wie *Macy's*.

Antonia Wille: Ich schaue gern bei *Theresa* vorbei. Ein Muss: der alljährliche Riesenflohmarkt auf der Theresienwiese.

Welche Münchner Designer muss man kennen?

Amelie Kahl: WE.RE produziert mitten in München minimalistische Traumkreationen – fair und bezahlbar.

Milena Heißerer: Die wunderbaren Frauen, Mütter und Unternehmerinnen hinter dem Label *WOMOM* machen fantastische Mode für Mütter wie Nichtmütter.

Antonia Wille: Ayzit Bostan macht großartige Mode mit Statements. Die schönsten Sneakers made in Germany kommen vom Label *VOR*.

Ihre Lieblingsplätze in der Stadt?

Milena Heißerer: Der Weißenburger Platz verzaubert mich jeden Tag, zu jeder Jahreszeit. Im Frühling wird der Brunnen – der übrigens aus dem ehemaligen Glaspalast stammt – mit den schönsten Blumen geschmückt. Zur Weihnachtszeit sind funkelnde Lichterketten über den ganzen Platz gespannt – magisch!

Der perfekte Sommertag in München?

Amelie Kahl: Absolute Ruhe genießen und verwunschene Plätze entdecken im nördlichen Teil des Englischen Gartens, etwa auf der Höhe der U-Bahn-Station „Studentenstadt".

Milena Heißerer: Badesachen einpacken und nach einem Frühstück im *Café Fortuna* an der Isar Richtung Friedensengel spazieren, die kleine Leiter zum Isarstrand nördlich des Kabelstegs heruntersteigen und treiben lassen.

Daglfinger Flohmarkt – Rennbahnstraße 35 / *Flohmarkt am Olympiapark* – Sapporobogen / *Macy* – Johannisplatz 20 / *Theresa* – Maffeistraße 3 / *Flohmarkt auf der Theresienwiese* – Theresienwiese / *WE.RE* – Buttermelcherstraße 5 / *WOMOM* – aktuelle Informationen unter womom.de / *Ayzit Bostan* – Landwehrstraße 37, Rückgebäude, nach Vereinbarung oder www.ayzitbostan.com / *VOR* – Utzschneiderstraße 7 / *Café Fortuna* – Sedanstraße 18

Schreibmayr

Seit 1826 ist das Fachgeschäft bekannt für hochwertige Papiere und Schreib-Accessoires, unter anderem von Caran d'Ache, Montblanc und Montegrappa.
Theatinerstraße 11 (Fünf Höfe), Altstadt, Tel.: 089/2199840, www.schreibmayr-schreibkultur.de, Öffnungszeiten: Mo–Fr 10–19 Uhr, Sa 10–18 Uhr

Carta Pura

Top!

„Sind Sie der Laden mit den schönen Papieren?", ist oft die erste Frage vieler neugieriger Anrufer in dem kleinen Papierladen in der Schellingstraße. Carta-Pura-Papier wird weltweit verkauft, der Laden in München aber ist schon wegen der alten grünen Registrierkasse einen Besuch wert. Neben Papieren, Kalendern, Radiergummis, Stiften und Bändern gibt es hier das schönste Geschenkpapier der Stadt.
Schellingstraße 71, Maxvorstadt, Tel.: 089/2881130, www.cartapura.de, Öffnungszeiten: Mo–Fr 9.30–19 Uhr, Sa 9.30–16 Uhr

Kaut Bullinger

Einst Königlich Bayerischer Hoflieferant für Schreibwaren, kennt noch heute jeder Münchner das Fachgeschäft für Bürobedarf direkt in der Innenstadt. Der Flagshipstore in der Rosenstraße verfügt über eine Verkaufsfläche von rund 2000 Quadratmetern verteilt auf fünf Etagen.
Rosenstraße 8, Altstadt, Tel.: 089/238000, www.kautbullinger.de, Öffnungszeiten: Mo-Sa 9.30-20 Uhr

Bücher & Magazine

Buchhandlung Lentner

Es gibt sie noch, die gute alte Buchhandlung: Beratung bestens, gut vorsortierte Auswahl, aktuelles und großes Sortiment zu München. In der Filiale in Haidhausen sogar mit Café!
Marienplatz 8 (Eingang Weinstraße), Altstadt, Tel.: 089/227967, E-Mail: zentrale@buchlentner.de, www.buchlentner.de, Öffnungszeiten: Mo–Fr 10–19 Uhr, Sa 10–18 Uhr. Oder Buch & Café Lentner, Balanstraße 14, Haidhausen, Tel.: 089/18910096, E-Mail: lentner-balan14@web.de, Öffnungszeiten: Mo–Fr 10–19 Uhr, Sa 10–15 Uhr

L. Werner

Die neuesten Bücher und Bildbände über Kunst, Fotografie und Mode findet man zuverlässig in der Kunstbuchhandlung L. Werner in der Türkenstraße. Die seit 1887 bestehende Filiale in der Residenzstraße in der Innenstadt musste das Traditionshaus leider 2018 schließen.
Türkenstraße 20, Maxvorstadt, Tel.: 089/226979, www.buchhandlung-werner.de, Öffnungszeiten: Mo–Fr 9–19 Uhr, Sa 9–18 Uhr

Oxfam Buchshop

Der Oxfam-Secondhand-Bücherladen unweit vom Marienplatz ist gut sortiert, schon ab 2 Euro findet man echte Raritäten – und tut auch noch etwas Gutes.
Fürstenfelder Straße 7, Altstadt, Tel.: 089/23000782, www.oxfam.de, Öffnungszeiten: Mo–Fr 10–19 Uhr, Sa 10–18 Uhr

Soda Books

Top!

Bei Soda Books findet man die japanische
Vogue ebenso wie unabhängige Papercraft-
Magazine sowie Bücher und Zeitschriften
über Mode, Fotografie, Typografie, Grafik-
design und Architektur aus der ganzen Welt.
Rumfordstraße 3, Isarvorstadt,
Tel.: 089/20245353, www.sodabooks.com,
Öffnungszeiten: Mo–Fr 11–19 Uhr,
Sa 11–18 Uhr

Moths

Schon wegen der tollen Schaufenster-
dekoration lohnt es sich, bei Moths in der
Rumfordstraße vorbeizuschauen. Hier
findet man findet man klassische und
moderne Belletristik, Kunstbände, Stadt-
führer – und eine immer kompetente und
geduldige Beratung durch die Mitarbeiter.
Außerdem: ausgewähltes Spielzeug
für Kinder.
Rumfordstraße 48, Isarvorstadt,
Tel.: 089/29161326, www.li-mo.com,
Öffnungszeiten: Mo–Fr 10–19 Uhr,
Sa 10–16 Uhr

Isarflimmern

Liebevoll sortierter Buchladen, in dem viele
Bücher einen München-Bezug haben.
Auenstraße 2, Isarvorstadt,
Tel.: 089/23541190,
www.isar-flimmern.de, Öffnungszeiten:
Mo–Fr 10–18.30 Uhr, Sa 10–16 Uhr

Walther König

Versiert und spezialisiert auf internationale
Publikationen zur zeitgenössischen Kunst.
Prinzregentenstraße 1 (Haus der Kunst),
Lehel, Tel.: 089/25544498,
www.buchhandlung-walther-koenig.de,
Öffnungszeiten: Mo–Sa 9–19 Uhr

KUSTERMANN

Lillemors Frauenbuchladen und Galerie

Der erste deutsche Frauenbuchladen,
gegründet 1975, bietet ein umfassendes
Sortiment an Autorinnen und feministischer
Literatur.
Barer Straße 70, Maxvorstadt,
Tel.: 089/2721205,
www.frauenliteratur.de,
Öffnungszeiten: Mo–Fr 10–18.30 Uhr,
Sa 10–14 Uhr

Lehmkuhl

Tapfere Schwabinger Institution. Autoren,
deren Bücher auf dem Flügel liegen dürfen,
haben es geschafft. In der alteingesessenen
Buchhandlung finden auch regelmäßig
spannende Lesungen statt.
Leopoldstraße 45, Schwabing,
Tel.: 089/3801500, www.lehmkuhl.net,
Öffnungszeiten: Mo–Fr 10–19.30 Uhr,
Sa 10–19 Uhr

Sandra Schwittau

—

Synchronsprecherin und Inhaberin des
Concept Stores Schwittenberg

—

Was macht München in Ihren Augen speziell und besuchenswert?
Der blaue Himmel, das viele Grün, das charmante bayerische
Granteln und die entspannte Lebensart machen diese Stadt für mich
so lebenswert. Man isst und trinkt gut, kann bei Föhn die Berge
sehen und ist superschnell an einem der traumhaften Seen in der
Umgebung oder gleich in Italien.

*Egal ob mit Freunden oder der Familie: Was sind Ihre liebsten
Unternehmungen in und um München an einem freien
Sommertag?*
Wir lieben das *Naturbad Maria Einsiedel*, ein wunderschön gelege-
nes Freibad mit chlorfreiem Wasser und liebevoller Gastronomie.
Außerdem fließt ein eiskalter Ableger der Isar durchs Gelände,
in dem man sich treiben lassen kann. Mein Mann ist passionierter
Segler und wenn Wind und Wetter stimmen, geht es raus zum
Starnberger See. Wenn die Sonne untergeht, kehren wir beim
Fischmeister in Leoni ein und essen Schweinebraten und einen der
köstlichen hausgemachten Kuchen.

*Sie sind nicht nur eine sehr gut gebuchte Synchronsprecherin,
Sie führen auch noch gemeinsam mit Ihrem Mann einen
eigenen Modeladen: Wo holen Sie sich „on the run" etwas
Schnelles zu essen auf die Hand?*
Wer es deftig mag, holt sich eine der legendären Leberkässemmeln
im *Franziskaner*. Alternativ empfehle ich die orientalischen Bowls
im *Bikini Mitte* mit köstlichen vegetarischen Zutaten.

Beste Bar für einen Feierabenddrink?
Ganz klar das *Schumann's* am Hofgarten. Dort trinke ich die selbst-
gemachte Ingwerlimonade oder einen hervorragenden Prince of Wales.

Naturbad Maria Einsiedel – Zentralländerstraße 28 / *Zum Fischmeister* – Seeuferstraße 31, Münsing / *Franziskaner* – Residenzstraße 9 / *Bikini Mitte* – Josephspitalstraße 17 / *Schumann's* – Odeonsplatz 6

Essen & Trinken

DIE RESTAURANTS DIESER STADT
SIND, OB EINFACHSTES WIRTSHAUS
ODER STERNELADEN, OFT SCHON EINE
GANZE WOCHE IM VORAUS AUSGEBUCHT.
DIE MÜNCHNER SIND TATSÄCHLICH
ENORM AUSGEHFREUDIG. HIER
GEHT MAN GERN ESSEN – UND MAN
KANN ES SICH LEISTEN.

EIN OFT GEFÄLLTES Vorurteil über die Münchner Gastronomielandschaft lautet: Den Münchnern kann man alles verkaufen. Tatsächlich ist jeder noch so kleine neu eröffnete Straßenimbiss in den ersten Wochen seines Bestehens erstmal jeden Abend hoffnungsvoll überfüllt. Die Münchner stürzen sich scheinbar wahllos auf alles Neue, denn Trends kommen in dieser Stadt regelmäßig mit Verspätung an und wenn sie da sind, will sie keiner verpassen. Und auch die zahlreichen Restaurants dieser Stadt sind, ob einfachstes Wirtshaus oder Sterneladen, oft schon eine ganze Woche im Voraus ausreserviert. Nun kann man sagen, die Münchner seien tatsächlich wenig anspruchsvoll – oder aber, und das ist doch viel positiver: einfach nur enorm ausgehfreudig. Hier geht man gern essen – und man kann es sich leisten.

Auch deshalb ist die Stadt ein Paradies für kulinarische Experimente und neue Konzepte, die an allen Ecken eröffnen. Viele verschwinden freilich nach kurzer Zeit wieder, die Halbwertszeit für erfolglose Lokale ist in einer so teuren Stadt rekordverdächtig kurz.

Wer bleibt, darf sich die Stadt mit alteingesessenen Traditionslokalen, einer florierenden gehobenen Gastronomie und den unzähligen Italienern teilen. Überhaupt, München und Italiener. Schon in Helmuts Dietls *Monaco Franze* wurde der „Italienischen Angelegenheit" eine ganze Folge gewidmet, in der der Protagonist der Serie Nacht für Nacht die immer gleichen Restaurants durchstreift. Einige davon gibt es heute noch. Wahrscheinlich wurde der Begriff *Nachbarschaftsitaliener* in München erfunden.

Die nördlichste Stadt Italiens ist München trotzdem nicht und wird es auch niemals werden, egal wie oft man diese Floskel noch bemüht. Dafür fehlt der Stadt eine Menge italienischer *Sprezzatura*. München ist aber Heimat einer großen italienischen Gemeinschaft, was sich insbesondere kulinarisch an unzähligen kleinen Trattorien und Einkaufsmöglichkeiten messen lässt, von denen viele ebenso unscheinbar wie großartig sind. Das *Acquarello*, seit über 20 Jahren Mario Gambas Tempel des guten Geschmacks, gilt gemeinhin als bestes italienisches Restaurant außerhalb Italiens. Und spätestens seit 2015 die Feinkostkette *Eataly* ihre erste Deutschlandfiliale in München aufmachte, ist die Versorgung mit besten Lebensmitteln aus dem Süden gesichert.

VIKTUALIENMARKT

Essen einkaufen lässt es sich sowieso gut in München. Zum Beispiel auf dem *Viktualienmarkt*, der einerseits touristisches Herz der Stadt, gleichzeitig aber auch immer der Tradition treu geblieben ist und an jedem Stand beste Qualität garantiert.

Wer hungrig ist, kann im *Pschorr* direkt am Markt die großen Klassiker der bayerischen Küche probieren. Hier wird nach alten Rezepten gekocht und man pflegt Rezepte mit alten Tierrassen und seltenen Zutaten. Nur eine Straße weiter, im Wirtshaus *Beim Sedlmayr*, gibt es nach Meinung vieler den besten Schweinebraten der Stadt. Für die andere Münchner Berühmtheit, die Weißwurst, besucht man frühmorgens am besten die *Gaststätte Großmarkthalle,* direkt zwischen Schlachthof und dem Umschlagplatz für das frische Gemüse der Stadt. Wer aber nicht früh aufstehen oder die Innenstadt nicht verlassen will, wird wieder am Viktualienmarkt fündig: In der „Metzgerzeile" reihen sich seit 700 Jahren acht kleine Traditionsbetriebe aneinander.

Nur wenige Meter entfernt findet sich das Feinkosthaus *Dallmayr,* das gerade in den letzten Jahren vielen Renovierungen unterzogen wurde. So gibt es neben den Einkaufshallen eine neue Tagesbar und im ersten Stock ein Restaurant, das gerade dem jüngeren Publikum gehobene Kulinarik näherbringen möchte. Der zweite große Name, der einen in München von Flughafen bis zum Fußballstadion und ins Museumscafé verfolgt, ist *Feinkost Käfer.* Wer es nicht ins sehr empfehlenswerte Stammhaus nach Bogenhausen schafft, dem seien die diversen über die Stadt verteilten Delikatessenmärkte ans Herz gelegt, in denen man viele Spezialitäten, unter anderem das fantastische Brot, zu günstigeren Preisen shoppen kann.

Wer französisches Gebäck bevorzugt, besucht eine der Filialen der *Boulangerie Dompierre,* die Croissants, Baguettes und Brioches in mustergültiger Qualität täglich frisch backt. Und wer einen weiteren Klassiker besuchen möchte, kauft sich in einer Hofpfisterei wenigstens eine frische Brezn. Die etwas angestaubte und so überhaupt nicht moderne Bäckereikette war schon königlicher Hoflieferant und ist die Referenz für Sauerteigbrot, das sich viele Exilmünchner sogar regelmäßig in ihre neue Heimat nachschicken lassen.

Gut ausgestattet und mit vollen Einkaufstüten macht man sich jetzt am besten auf den Weg in einen der vielen Biergärten der Stadt, kauft sich dort etwas zu trinken und baut die mitgebrachten Schätze vor sich auf dem Tisch auf. Kaum eine Tradition zeigt die Freude am Essen besser als die schönste aller bayerischen Gepflogenheiten: Mitgebrachtes Essen unter schattigen Bäumen in Gesellschaft zu genießen.

— GIGI COLOMBINA

FRÜHSTÜCK / CAFÉS

Bar Centrale

Vorne Café, hinten Trattoria, stets voll, laut und oft angenehm überdreht. Ob Cappuccino, Caffè Latte, Sprizz, Toast, Pasta – an italienischen Köstlichkeiten gibt's hier alles, was das Herz begehrt. Nur der Fernseher fehlt – dafür bietet die Bar Centrale einen unterhaltsamen Blick auf die Münchner „In-crowd". Ideal in den frühen Abendstunden!

*Ledererstraße 23, Altstadt,
Tel.: 089/223762, www.bar-centrale.com,
Öffnungszeiten: Mo–Sa 7.30–1 Uhr,
So 9–0 Uhr*

Café Luitpold

Einst berühmtes Literaten- und Künstlercafé, dann in die Jahre gekommen und von den Vorbesitzern schmählich vernachlässigt. Mittlerweile strahlt das Café Luitpold im neuen alten Glanz eines Grand Cafés. Kaffee und Kuchen, gutbürgerliche Küche, unangestrengter, freundlicher Service in klassischer Kaffeehausarchitektur. Sonntags Matinee-Konzerte!

*Brienner Straße 11, Altstadt,
Tel.: 089/2428750, www.cafe-luitpold.de,
Öffnungszeiten: Mo 8–19 Uhr,
Di–Sa 8–23 Uhr, So 9–19 Uhr*

Café Jasmin

Das Café präsentiert sich nicht etwa im Retrolook der 50er-/60er-Jahre, sondern wurde schlicht nie renoviert oder gar neu eingerichtet. Charmant, schräg, entspannter Service. Kaffee, Kuchen, Cocktails und junges Publikum in einem Zeitreise-Ambiente: Was braucht man mehr?

*Steinheilstraße 20 / Ecke Augustenstraße,
Maxvorstadt, Tel.: 089/45227406,
www.cafe-jasmin.com, Öffnungszeiten:
täglich 10–1 Uhr*

Laden

Ein schön schnörkelloses Straßencafé mit hausgemachten Speisen. Ob zum Frühstück, Mittag- oder Abendessen – im Laden ist man zu jeder Tageszeit richtig. Auch die Kuchenvitrine wartet mit täglich wechselnden Köstlichkeiten auf. Man munkelt, dass es hier die beste Spaghetti Bolo der Stadt geben soll …

*Türkenstraße 37, Maxvorstadt,
Tel.: 089/18904247, www.zumladen.de,
Öffnungszeiten: Mo–Fr 10–22 Uhr,
Sa & So 10–20 Uhr*

CAFÉ LUITPOLD

CAFÉ IM VORHOELZER FORUM

CAFÉ IM VORHOELZER FORUM

Café im Vorhoelzer Forum *Top!*

Eigentlich die Cafeteria für die Studenten der Technischen Universität München, entwickelte sich die Location „Vorhoelzer Forum" mehr und mehr vom Geheimtipp zum Hotspot. Die Auswahl der Getränke ist eher klein, die Qualität normal, die Preise sind studentisch. Nach einem Gang durch die nüchtern gestaltete TU zu einem kleinen Aufzug begreift man erst im 5. Stock, was hier so besonders ist: weiße Wände, weiße Bar, weiße Möbel – klar, aber nicht steril, viele Menschen. Die Aussicht von der Dachterrasse ist einzigartig: Im Sommer gibt es keinen besseren Ort für einen Sundowner.
Arcisstraße 2, Maxvorstadt,
Tel.: 0163/1524758,
www.ar.tum.de/vf/cafe, Öffnungszeiten:
9–22 Uhr (Mai–August), 9–21 Uhr
(September, Oktober, März, April),
9–18 Uhr (November–Februar)

Café Clara

Klar, hell, licht – und oft jede Menge Geschrei! Vielleicht ist Deutschlands höchste Dichte an teuren Kinder-SUVs der Grund, dass man sich hier so kinder- und familienfreundlich zeigt. Großes Kompliment auch für die umfangreiche Auswahl an klassischen wie ausgefallenen Kuchen und süßen wie salzigen Gaumenschmeichlern.
Isabellastraße 8, Maxvorstadt,
Tel.: 089/5237214,
www.cafe-clara-muenchen.de,
Öffnungszeiten: Di–Fr 10–19 Uhr,
Sa 9–19 Uhr, So 10–19 Uhr

Café Crème

Klein und fein! Exzellenter Espresso, frische Säfte, gute Sandwiches, kleine Pâtisserie. Ideal zum Starten in den Tag oder zur kurzen Erholung am Nachmittag. Charmanter Service mit authentischer Herzlichkeit.
Reichenbachstraße 24, Isarvorstadt,
Tel.: 089/18006696,
www.creme-cafe.de, Öffnungszeiten:
Mo–Fr 7.30–18.30 Uhr,
Sa 8.30–17 Uhr

Aroma Kaffeebar

Ein Café, das man einfach lieben muss!
Bis in den letzten Winkel voll mit liebe-
vollen Details, selbst Speis und Trank sind
dekorativ arrangiert. Bunte Schleifchen,
Blumen, kleine Tütchen, handbeschriebene
Zettelchen und das stets verschmitzte
Lächeln des Inhabers – unwiderstehlich.
Pestalozzistraße 24, Isarvorstadt,
Tel.: 089/26949249,
www.aromakaffeebar.com,
Öffnungszeiten: Mo–Fr 7–20 Uhr,
Sa & So 9–20 Uhr (im Sommer teils
länger geöffnet)

Fortuna Cafébar

Die Einrichtung ist simpel und charmant,
die Atmosphäre pendelt irgendwo
zwischen Berlin-Friedrichshain, Rom und
Ljubljana. Die Fortuna Cafébar ist italie-
nische Espressobar, Straßencafé, Viertel-
kneipe und schlicht Bar, vor allem aber
ein Solitär – persönlich und liebevoll im
Detail, mit Charakterköpfen auf beiden
Seiten des Tresens und immer guter Musik.
Es gibt eine kleine Karte mit wechselnden
Gerichten, klasse Kuchen und eine legen-
däre heiße Schokolade.
Sedanstraße 18 / Eingang Metzstraße,
Haidhausen, Tel.: 089/18922823,
www.fortuna-cafebar.de, Öffnungszeiten:
Mo–Fr 8–22 Uhr, Sa 9–19 Uhr,
So 10–18 Uhr

Café Marais

Café? Eigentlich eher ein Vintage-Laden
für Handtaschen, Accessoires, modischen
Schnickschnack, Schals und Kindersachen
aus alten und neuen Zeiten. Man sitzt
im Caféraum oder in den Schaufenstern
und studiert bei Kaffee, frischen Säften,
Gâteaus und Panini das ganz eigene Flair
des Marais mit seinem teils illustren Publikum. Die Einrichtung kann man übrigens
zum Teil ebenfalls kaufen. Ein idealer Ort,
um aus der Zeit zu fallen.
Parkstraße 2, Westend,
Tel.: 089/50094552,
www.cafe-marais.de, Öffnungszeiten:
Di–Sa 8–20 Uhr, So 10–18 Uhr

Café Ruffini

Kein Brunch, kein Blabla, keine Bussi-
Gesellschaft, und doch eine Münchner
Institution. Vor 30 Jahren schon entstand
das Ruffini als Café mit eigener Bäckerei
und Weinimport in Selbstverwaltung –
was bedeutet, dass alle, die hier arbeiten,
auch an diesem speziellen Juwel beteiligt
sind. Das hervorragende Frühstück gibt's
am Wochenende humanerweise bis 16 Uhr
– Tageszeitungen und Zeitschriften inklusive. Zudem eine kleine und liebevolle Auswahl an täglich wechselnden Gerichten,
nach Möglichkeit mit ökologischen Zutaten.
Und im Sommer sitzen alle auf der ruhig-
sten Dachterrasse der Stadt.
Orffstraße 22–24, Neuhausen,
Tel.: 089/161160, www.ruffini.de,
Öffnungszeiten Café: Di–So 10–24 Uhr,
Bäckerei (Brot, Kuchen, Wein)
Di–Fr 8.30–18 Uhr, Sa 8.30–17 Uhr,
So 9–17 Uhr

Caffè Da Me

Zentral – unweit vom Isartor – und
dennoch etwas versteckt liegt das italienische Caffè Da Me. Chefin Stefania kommt
aus der italienischen Region Marken und
wollte ihre Heimat in München etwas be-
kannter machen. Gekocht wird hier nach
traditionellen Rezepten aus der Familie,
etwa das „Timballo": ein besonderer Nudel-
auflauf, der etwa einem mit Pasta gefüllten
Kuchen gleicht. Zudem verkauft Stefania in
ihrem kleinen Café auch Produkte aus der
Region Marken. Das Da Me – ein Tipp für
ein authentisches italienisches Mittagessen!
Morassistraße 26 / Eingang Kohlstraße 11,
Gärtnerplatzviertel, Tel.: 089/20073864,
www.caffedame.de, Öffnungszeiten:
Di–So 9.30–18 Uhr

Schmalznudel

Ein echtes Münchner Original! Offiziell firmiert der urige Laden unter dem Namen „Café Frischhut", doch die meisten Münchner kennen es nur als „Schmalznudel". Seit 1973, eine Zeit, in der das Wort „Diät" noch nicht allgegenwärtig war, wird gegenüber vom Viktualienmarkt Süßes für die Seele geboten: Schmalznudeln eben (in ordentlich Fett getränkt), Rohrnudeln mit wechselnder Füllung, Striezel und Krapfen.
Prälat-Zistl-Straße 8, Altstadt, Tel.: 089/26023156, Öffnungszeiten: Mo–Sa 8–18 Uhr

Café Joon

Schlichtes Tagescafé mit Anleihen an die 50er-Jahre: Das Café Joon hat sich still und heimlich in der Maxvorstadt etabliert. Im Sommer sitzen draußen die Studenten an den Tischen am Gehsteig, im Winter kuscheln sich die Gäste auf die Sitzbank, die sich über die gesamte Ladenfläche zieht. Frühstück gibt es hier unter der Woche bis 12 Uhr, am Wochenende bis 18 Uhr.
Theresienstraße 114, Maxvorstadt, Tel: 089/41550941, www.cafejoon.de, Öffnungszeiten: Mo–Sa 9–23 Uhr, So 9–18 Uhr

Lokale Tradition

Beim Sedlmayr

Schlicht und einfach eingerichtet, ein Wirtshaus eben. Und in der Innenstadt seit Jahren das Beste. Rudi Färber kocht schnörkellose, gutbürgerliche bayerische Küche in tadelloser Güte und Frische. Hervorzuheben ist die stets große Auswahl an Innereien in allen Varianten – ein zentrales Element der Altmünchner Küche, welche in der Stadt nirgends mehr so gepflegt wird wie hier. Und im Gegensatz zu so manchen anderen bayerischen Großlokalen isst man hier noch richtig preiswert.

Westenriederstraße 14, Altstadt, Tel.: 089/226219, www.beim-sedlmayr.de, Öffnungszeiten: Mo–Sa 9–23 Uhr

Halali

Elegant-bürgerliches Ambiente, die Küche ist bayerisch-saisonal. Egal ob Spargel, Morcheln, Wild: alles stets delikat und frei von bayerischer Schwere. Die hausgemachte Blutwurst als Appetithäppchen ist phänomenal!
Schönfeldstraße 22, Maxvorstadt, Tel.: 089/285909, www.restaurant-halali.de, Öffnungszeiten: Mo–Fr 12–15 & 18–24 Uhr, Sa 18–24 Uhr

Gaststätte Großmarkthalle *Top!*

Bei Ludwig Wallner geht's um die Wurst. In seiner Gaststätte kommen Woll-, Milz- und Schweinswurst auf den Tisch. Aber vor allem für seine Weißwürste ist der Wirt, gerne auch mal als Münchens Weißwurstpapst betitelt, bekannt. Der Metzgermeister stellt sie als einer der letzten noch selbst her – in seiner Wurstküche im Keller.
Kochelseestraße 13, Sendling, Tel.: 089/764531, www.gaststätte-grossmarkthalle.de, Öffnungszeiten: Mo–Fr 7–16 Uhr, Sa 7–13 Uhr

Der Pschorr

Moderne bayerische Wirtschaft ohne Schnickschnack. Direkt am Viktualienmarkt gelegen, kehren hier Touristen ebenso ein wie Einheimische. Beliebt: die Spezialitäten vom Ochsen. Neben bayerischen Klassikern gibt es auch ein Angebot für Vegetarier, etwa hausgemachte Spinatknödel auf geschmolzenen Tomaten mit Parmesan und brauner Butter. Das Hacker-Pschorr-Bier kommt hier aus eisgekühlten Holzfässern. Bei schönem Wetter lässt's sich wunderbar auf der Terrasse schlemmen.

Viktualienmarkt 15, Altstadt,
Tel.: 089/44238390, www.der-pschorr.de,
Öffnungszeiten: täglich 10–24 Uhr

Dürnbräu

In einer kleinen Gasse hinter dem Isartor findet sich eine der ältesten Gaststätten Münchens. 1487 wurde in dem Bräuhaus eine Stube eingerichtet. Als eines der wenigen Häuser in der Altstadt überlebte das historische Gebäude den Zweiten Weltkrieg. 2012 wurde kräftig renoviert – die Traditionsgaststätte kommt seitdem etwas heller daher. Bayerische Schmankerl gibt's wie eh und je, dazu Spaten-Biere.
Dürnbräugasse 2, Altstadt,
Tel.: 089/222195,
www.zumduernbraeu.de, Öffnungszeiten:
täglich 10–23 Uhr

WEITER AUF SEITE 54 →

DER PSCHORR

Laura Veronesi & Antonia Simm

Betreiberinnern des Supper-Clubs Futterneid

Sie betreiben einen der wenigen, wenn nicht den einzigen Münchner Supperclub – wie würden Sie die Münchner Foodszene beschreiben?

Laura Veronesi: In München muss man zwar manchmal etwas länger suchen, aber dann findet man Perlen. Umso erfüllender ist es, in einer Stadt, in der es noch nicht alles im Überfluss gibt, selbst etwas zur Foodszene beizutragen.

Wo gehen Sie in München gern essen?

Laura Veronesi: Bei *Manam* gibt es das beste Thai-Essen. Unbedingt das Padsi Oew mit selbstgemachten Reisbandnudeln probieren. Im *Gratitude* findet man feine und kreative vegane Küche. Bei *Pizzesco* gibt es tolle Pizza auf die Hand, im Sommer kann man sich damit direkt an die nahe gelegene Isar setzen. Ein Bier dazu und man hat den perfekten Sommerabend.

Antonia Simm: Das *Quattro Tavoli* ist ein kleiner Laden mit Italo-Feeling pur! Feine Antipasti-Platten und super Pasta in familiärer Atmosphäre. Bei *Caspar Plautz* mitten auf dem Viktualienmarkt haben sich zwei sympathische Jungs der gefüllten Kartoffel gewidmet – eine Bereicherung zur Mittagsstunde!

Bester veganer Snack auf die Hand?

Laura Veronesi: Das vegane Café-Restaurant *Siggis*.

Antonia Simm: Falafel und Baba Ganoush im *Beirutbeirut* in Sendling.

Was unternehmen Sie mit Wochenendbesuch aus einer anderen Stadt?

Laura Veronesi: Mit der BOB an den Tegernsee fahren – eine wunderschöne Panoramafahrt. Dann den entspannten Forstweg auf

die Neureuth wandern und mit einem Weißbier und selbstgemachten Spinatknödeln den Ausblick genießen.

Antonia Simm: Eine Fahrradtour an der Isar entlang in den nördlichen, ruhigeren Teil des Englischen Gartens. Auf dem Rückweg durch den Hofgarten, einen Blick in die Theatinerkirche werfen und weiter Richtung Königsplatz rollen und die Glyptothek besuchen.

Manam – Rosenheimerstraße 34 / *Gratitude* – Türkenstraße 55 / *Pizzesco* – Rosenheimerstraße 12 / *Quattro Tavoli* – Dreimühlenstraße 10 / *Caspar Plautz* – Viktualienmarkt Abt. III Stand 38 / *Siggis* – Westenriederstraße 37 / *Beirutbeirut* – Valleystraße 28

BIERGÄRTEN

Bier wurde in München schon im 19. Jahrhundert gebraut, lange vor der Erfindung des Kühlschranks. Um es im Sommer trotzdem frisch zu halten, grub man tiefe Keller und bepflanzte sie mit schattenspendenden Bäumen, namentlich Kastanien.

Die Bäume sind geblieben, der Schatten auch. Nur sitzen heute Touristen, Studenten, Alte, Junge und nicht wenige Stammtischgemeinschaften im Sommer an langen Bänken in der ganzen Stadt verteilt. Wie viele Biergärten es in München und Umgebung gibt, lässt sich wahrscheinlich gar nicht genau ermitteln. Und obwohl sie sich alle ein bisschen unterscheiden, so verbindet sie doch vor allem die Tradition, dass man sich hier mit Freunden trifft und jeder etwas zu Essen mitbringt. Nur Getränke müssen nämlich zwingend vor Ort gekauft werden.

So sieht man nicht selten mit heimischen Tischdecken geschmückte Bierbänke und Tische, an denen sich ganze Familien für Stunden aufhalten und diverse Salate und Brotzeiten teilen.

Wer dennoch im Biergarten essen will und keine Zeit hatte vorher einzukaufen, sei ausdrücklich ermutigt, dies zu tun. Das rustikale, ehrliche Biergartenessen ist eine Münchner Spezialität. Nirgends sind die Brezn so frisch und die Hendl so resch. Und wer das Biergarten-Gericht schlechthin, den Obatzda genannten Aufstrich aus süßem Paprikapulver, Butter, reifem Romadour und roten Zwiebeln probiert, weiß, wieso die bayerische Küche als eine der besten Deutschlands gilt. Im Biergarten wird selbst ein frisches Graubrot mit Butter und Schnittlauch an einem Sommertag zum Festmahl.

Erscheint einem München manchmal ein bisschen zu sauber, brav und steif, kehrt sich diese Empfindung im Biergarten sofort um. Hier ist die Stadt gemütlich, selbstverständlich und traditionell, ohne spießig zu sein. Und man selbst ist sofort mittendrin.

Im Folgenden eine (garantiert unvollständige) Auswahl:

SEEHAUS

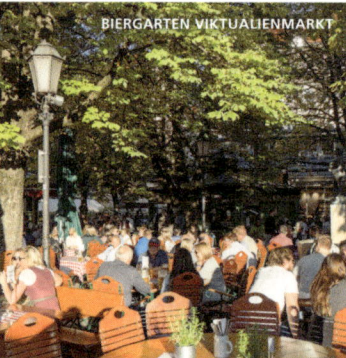

BIERGARTEN VIKTUALIENMARKT

Aumeister

Auf der Suche nach einem perfekten Sommertag in München? Picknick kaufen, Fahrräder leihen und durch den Englischen Garten bis zum Biergarten Aumeister radeln. Radler bestellen, Picknick auspacken und „Perfekter Sommertag!" rufen.

Sondermeierstraße 1, Englischer Garten / Freimann, Tel.: 089/18931420, www.aumeister.de, Öffnungszeiten: bei schönem Wetter täglich ab 10 Uhr geöffnet

Biergarten Menterschwaige

Nicht wenige nennen ihn den schönsten Biergarten im näheren Umkreis von München: Der Gutshof Menterschwaige ist ein seit 1803 bestehendes, denkmalgeschütztes, dreiflügeliges Gebäude direkt am Hochufer der Isar, nur durch einen öffentlichen Fuß- und Radweg und alten Waldbestand von der Hangkante getrennt.

Menterschwaigstraße 4, Harlaching, Tel.: 089/640732, www.menterschwaige.de, Öffnungszeiten: täglich 11–24 Uhr

Biergarten Viktualienmarkt

Ein Klassiker am zentralsten Ort der Stadt. Berühmt vor allem für die Tatsache, dass hier jeden Tag ein anderes Bier der großen Münchner Brauereien ausgeschenkt wird. Am besten kauft man sich auf dem Markt eine gute Brotzeit und lässt sich hier nieder.

Viktualienmarkt 9, Altstadt, Tel.: 089/297545, www.biergarten-viktualienmarkt.com, Öffnungszeiten: Mo–Sa 9–22 Uhr

Seehaus

Wahrscheinlich der bekannteste Biergarten der Stadt. Mitten im Englischen Garten sitzt man hier am Ufer des Kleinhesseloher Sees und erlebt die schönsten Sonnenuntergänge des Sommers. Das Seehaus hat auch an milden Winter- und Frühlingstagen geöffnet.

Kleinhesselohe 3, Schwabing, Tel.: 089/3816130, www.kuffler.de, Öffnungszeiten: im Sommer täglich von 11–1 Uhr

Biergarten am Chinesischen Turm

Der zweite große Biergarten im Englischen Garten hat über 7.000 Plätze und befindet sich nahe der Universität unter dem im Jahre 1790 nach chinesischem Vorbild erbauten Holzturm. Am Wochenende gibt es Livemusik aus dem ersten Stock des Turms. Außerdem findet hier einmal im Jahr frühmorgens der legendäre Kocherlball statt.

Englischer Garten 3, Schwabing, Tel.: 089/38387319, www.chinaturm.de, Öffnungszeiten: bei schönem Wetter täglich ab 10 Uhr

Max Emanuel Brauerei

Ein kleiner, innenstädtischer Biergarten in der Maxvorstadt. Im Sommer besonders abends voller Studenten und Anwohner aus der Umgebung. Angeschlossen ist ein Restaurant.

Adalbertstraße 33, Maxvorstadt, Tel.: 089/2715158, Öffnungszeiten: von April bis Oktober täglich von 11–23 Uhr

Hirschgarten

Der größte Biergarten der Stadt inmitten eines riesigen Parks mit angeschlossenem Hirschgehege. Wer möchte, kann einen Besuch mit einem ausgedehnten Spaziergang bis in den Schlosspark Nymphenburg verbinden.

Hirschgarten 1, Neuhausen, Tel.: 089/17999119, www.hirschgarten.de, Öffnungszeiten: bei schönem Wetter täglich ab 10 Uhr

Außerhalb der Stadt

Schlossgaststätte Falkenberg

Ein kleiner, familiärer Biergarten im Landkreis Ebersberg, eine knappe Stunde von München entfernt, der trotz seiner Schönheit immer noch als Geheimtipp gilt. Auf dem namensgebenden Falkenberg gelegen, eröffnet sich hier eine panoramaartige Aussicht auf die schöne oberbayerische Landschaft bis hin zu den Alpen. Ein Besuch lässt sich gut mit einem Ausflug zum Steinsee verbinden, einem kleinen See inmitten eines Waldes, der im Sommer ein beliebter Ort zum Baden ist.

Falkenberg 21, 85665 Moosach, Tel.: 08091/9604, Öffnungszeiten: Mai bis September täglich ab 11 Uhr

SCHLOSSGASTSTÄTTE FALKENBERG

Italienisch

Osteria der Katzlmacher

Lange Zeit in Schwabing beheimatet und mittlerweile in unmittelbarer Nähe vom Platzl ist der Katzlmacher seit 35 Jahren eine der ersten Adressen für genuine italienische und vor allem friulanische Küche. Feinste, oft ausgefallene oder längst „vergessene" Zutaten, klare Aromatik, kunstvolle, aber nicht kapriziöse Zubereitung. Der Service ist italienisch-familiär und die Weinkarte lässt kein Begehren unerfüllt.

Bräuhausstraße 6, Altstadt, Tel.: 089/333360, www.der-katzlmacher.com, Öffnungszeiten: Mo–Fr 12–15 & 18.30–1 Uhr, Sa 18.30–1 Uhr

Vinaiolo

„Edelitaliener" gibt es in München natürlich wie Sand am Meer, doch das Vinaiolo sticht seit Jahren heraus. Wundervolle Einrichtung im Stil eines Triestiner Kaufmannsladens, warme Pastelltöne, gediegenes Flair.

Verfeinerte, leichte Küche venezianisch-
friulanischer Prägung mit Akzenten aus
dem Süden.
Steinstraße 42, Haidhausen,
Tel.: 089/48950356, www.vinaiolo.de,
Öffnungszeiten: mittags außer
Sa 12–14 Uhr, abends 18.30–22.30 Uhr

EATALY

Trinacria – der Sizilianer *Top!*
Italianità in Reinkultur. Kleine Bar/Trattoria
mit Wachstischdecken, bunt zusammen-
gestellten Möbeln, hängenden Knoblauch-
zöpfen und offener Küche. Zwei Tages-
gerichte und ein paar Snacks – frisch und
authentisch.
Balanstraße 27, Haidhausen,
Tel.: 089/45479084, Öffnungszeiten:
Mo–Fr 8–16 Uhr

Eataly
Wenn man gerade italienische Feinkost
shoppt, kann einen schon mal der Hunger
übermannen. Wie praktisch, dass bei Eataly
in der Schrannenhalle auch gleich gekocht
wird. In verschiedenen Restaurants, Cafés
und Bars kann man sich durch die Vielfalt
der italienischen Küche probieren. Tipp:
die reichlich belegte, stets frisch gebackene
Focaccia.
Blumenstraße 4, beim Viktualienmarkt,
Altstadt, Tel.: 089/248817711,
Öffnungszeiten:
Mo–Sa 11.30–22.30 Uhr,
So 11–21.30 Uhr

Monti Monaco
Ein Geheimtipp im rauen Schlachthofviertel:
das kleine, feine Bistro Monti, benannt nach
dem Betreiber Donato Montanarella. Die
saisonal wechselnden Gerichte stehen auf
einer Tafel über der offenen Küche, der
Service ist italienisch-herzlich.
Zenettistraße 11, Isarvorstadt,
Tel: 089/76702868, www.montimonaco.de,
Öffnungszeiten: Mo–Sa 10–23 Uhr

Acetaia
Schickes Ambiente im Jugendstil: ausla-
dende Kronleuchter, Mosaikboden und
weiße Tischdecken geben hier den guten
Ton an. Übersichtliche Karte mit jeweils
einer Handvoll Pasta-, Fisch- und Fleisch-
gerichten, dazu erlesene Weine. Ein wun-
derbarer Ort für ein romantisches Date.
Nymphenburger Straße 215,
Nymphenburg, Tel.: 089/13929077,
www.restaurant-acetaia.de, Öffnungs-
zeiten: So–Fr 12–14.30 Uhr &
18.30–22.30 Uhr, Sa 18.30–22.30 Uhr

Bar dell'Osteria
Gemütliches kleines Restaurant im Univier-
tel mit freundlichem Service. Am schönsten
im Sommer, wenn die großen bodentiefen
Fenster weit offen stehen und Lokal und
Straße miteinander zu verschmelzen scheinen. Keine Pizza, dafür eine kleine Auswahl
feinster Pastagerichte. Dazu ein guter Rot-
wein – mehr braucht es nicht für einen
gelungenen Abend.
Schellingstraße 60, Maxvorstadt,
Tel.: 089/28673670,
www.bar-dell-osteria.de, Öffnungszeiten:
täglich 11–24 Uhr

Passaparola

Schlichte, man kann auch sagen spartanische Einrichtung. Das stört aber nicht weiter, denn der Fokus liegt hier auf den formidablen Pizzen. Tipp: die Pizza Tirolese mit Gorgonzola und Südtiroler Speck.
Kaiserstraße 47, Schwabing,
Tel.: 089/38889590,
Sedanstraße 20, Haidhausen,
Tel.: 089/44992424, Öffnungszeiten:
Mo–Fr 12–15 Uhr & 18–22 Uhr,
Sa geschlossen, So 18–22 Uhr

Soul Kitchen

Neapel ist die Geburtsstätte der Pizza – darauf sind die Bewohner der Stadt nahe dem Vesuv mächtig stolz. Im Soul Kitchen im Glockenbachviertel ist der original neapolitanische Pizzaofen denn auch der Star. Die Pizzen werden nur kurz gebacken, dafür richtig heiß. Raus kommen sie außen knusprig mit einer dicken Kruste und innen schön fluffig. Ins Soul Kitchen kommen die Münchner aber nicht nur wegen der guten Pizza: In dem schnörkellosen, aber äußerst gemütlichen Laden bekommt man auch richtig guten Espresso.
Fraunhoferstraße 27a, Isarvorstadt,
Tel.: 089/23041544,
www.soulkitchen-munich.de,
Öffnungszeiten: täglich 17– 1 Uhr

Saluki

Der Name dieses Lokals bezeichnet einen persischen Windhund, aber macht ja nichts: Die Küche ist trotzdem vorrangig italienisch, jung, modern und unkompliziert. Neben einer guten Pizza und einer schönen Auswahl an Drinks finden hier hin und wieder lustige Veranstaltungen aller Art statt. Wer bleibt bis das Lokal schließt und noch auf ein paar Absacker in der Gegend ist, kann um drei Uhr morgens in der Großmarkthalle gegenüber Kaffee trinken gehen und kistenweise Papayas kaufen.

Thalkirchnerstraße 130,
Schlachthofviertel, Öffnungszeiten:
Mo–Fr 12–15.30 und 17.30–22 Uhr,
Sa 17.30–22 Uhr

Quattro Tavoli

Der Name ist in einem der schönsten und kleinsten Italiener der Stadt Programm: Gerade einmal etwa vier Tische gibt es hier – entsprechend intim und charmant ist die Atmosphäre. Das Essen ist schlicht und gut, man fühlt sich wie bei engen Freunden zu Gast. Einziger Wermutstropfen: dass man nicht oben drüber wohnt.
Dreimühlenstraße 10, Dreimühlenviertel,
Tel.: 089/74118157,
www.quattrotavoli.com, Öffnungszeiten:
Mo–Fr 12–23.30 Uhr, Sa 18–1.30 Uhr

Un po' di tutto

Ein bisschen von allem, das gibt es im Un po' di tutto – ganz dem Namen des italienischen Lokals gemäß. Es ist Trattoria, Weinschänke, Imbiss und Feinkostladen in einem, es gibt eine lebendige Theke und fantastische regionale Spezialitäten aus Sizilien. Angenehm italienisch frühstücken kann man hier auch. Unbedingt ausprobieren.
Thalkirchner Straße 126, Schlachthof-
viertel, Tel.: 089/54847482,
Öffnungszeiten: Mo–Fr 8–22 Uhr,
Sa 9–22 Uhr

Japanisch

Nomiya

Der „bayerische Japaner" – seit 1996: Eine eher kleine Kneipe, alte Wirtshaustische, die Wände holzgetäfelt mit Ahorn und Kirsche, ein wundersames Lichtkonzept von Jan Roth, ein echter Achternbusch an der Wand, Hirschgeweihe als Garderoben, rote Lampions unter der Markise, eine Sushi-Theke, japanisches Porzellan und das Bier aus Steinkrügen. Letzteres ist frischgezapft, Tegernseer Hell oder Bürgerbräu Trüb, dazu Yakitori-Spießchen mit gegrillten Zutaten aus beiden Kulturkreisen, frisch gerolltes Sushi, aber auch Schweinebraten mit japanischer Mayonnaise.

Wörthstraße 7, Haidhausen, Tel.: 089/44 84 095, www.nomiya.de, Öffnungszeiten: Mo–Sa 18–1 Uhr, So 17–24 Uhr

Mitani

Klare Linien, monochrome Flächen, jedes Porzellan ein Kunstwerk, viele japanische Gäste. An den Messern und Löffeln arbeiten hier Meister ihres Fachs. Perfektes Sushi und Sashimi, göttliches Shabu Shabu. Frische, Aromatik, Textur auf höchstem Level.

Rablstraße 45, Haidhausen, Tel.: 089/4489526, Öffnungszeiten: Di–Sa 18–22.30 Uhr

Kansha

Ultramodernes, gehobenes Sushi-Restaurant, das eine exzellente buddhistische Tempelküche nach München bringt. Besseres veganes Sushi gibt es in dieser Stadt nirgends, jeder Teller ist ein Kunstwerk.

Occamstraße 6, Schwabing, Tel.: 089/998297640, www.kansha-restaurant.de, Öffnungszeiten: Mo–Do 18–23 Uhr, Fr & Sa 18–24 Uhr

Sushiya Sansaro

Sushi und feine japanische Küche mit Anspruch: Hier kochen ausnahmslos professionelle japanische Köche. Die hochwertigen Zutaten haben oft Bio-Qualität. Spannende Sushi-Kreationen, etwa Maki mit Walnuss oder in Reiswein eingelegten Möhren.

Amlienstraße 89, Amalienpassage, Maxvorstadt, Tel.: 089/28808442, www.sushiya.de, Öffnungszeiten: Mo–Sa 12–14 Uhr, Mo–So 18–23 Uhr

WEITER AUF SEITE 62 →

KANSHA

PASSAPAROLA

Maike Menzel

—

Sterneköchin

—

Nach Stationen im Emiko am Viktualienmarkt, dem Hotel Bachmair am Tegernsee und dem Pageou in den Fünf Höfen sind Sie jetzt Küchenchefin im Schwarzreiter im Hotel Vier Jahreszeiten. Gibt es so etwas wie einen Münchner Geschmack?

Die Münchner probieren gerne neue Dinge aus, bleiben aber doch über die Jahre ihren Stammlokalen als Gäste erhalten. Trends gibt es natürlich auch, aber am besten funktioniert in dieser Stadt die zeitlose Küche.

Ihr ganz persönliches Münchner Lieblings-Traditionsgericht?

Für ein Paar frisch zubereite Weißwürste kann ich mich immer wieder begeistern. Fehlen dürfen nur nicht der süße Senf und frische Brezn!

Sie haben Freunde zu Besuch und kaufen für ein sommerliches Picknick im Englischen Garten ein – wo finden Sie den besten Picknickzubehör und was darf im Picknick-Korb auf keinen Fall fehlen?

Zum Einkaufen gehe ich gern ins *FrischeParadies* und über den *Viktualienmarkt*. Fehlen darf in meinem Picknick-Korb auf keinen Fall eine Flasche Champagner, guter Käse, frisches Baguette, eine Auswahl an süßen Trauben und Feigen, sowie Burrata, Tomaten und Olivenöl.

Wo gehen Sie hin, wenn Sie Lust auf eine richtig gute Pizza haben?

In die *Pizzeria Enzo* in Schwabing.

FrischeParadies – Zenettistraße 10e / *Viktualienmarkt* – Viktualienmarkt 3 / *Pizzeria Enzo* – Nordendstraße 24

Chinesisch

Hutong Club

Aufregendes Ambiente, das aus einem Quentin-Tarantino-Film stammen könnte: Der tiefschwarze Raum mit dem roten Leuchtdrachen an der Wand versprüht den Charme einer Metropole im so beschaulichen München. Hier kommen die Speisen alle gleichzeitig auf den Tisch, sodass ein geselliges Miteinander entsteht. Ich probier' deine gefüllten Teigtaschen, du meine Schweinerippchen, oh, da kommt die karamellisierte Buttermakrele …!
Franz-Joseph-Straße 28, Schwabing,
Tel.: 089/38380343,
Öffnungszeiten: täglich 18–1 Uhr,
Küche bis 23.30 Uhr

Mun

Edles und ausgezeichnetes Kellerlokal mit koreanisch-japanisch-amerikanischer Fusionsküche. Chefkoch Mun Kim legt den Fokus auf Sushi. Wer sich auf ein Vier- oder Sechs-Gang-Menü einlässt, wird nicht enttäuscht werden.
Innere Wiener Straße 18, Haidhausen,
Tel.: 089/62809520,
www.munrestaurant.de, Öffnungszeiten:
Di–So 18–23 Uhr

Thailändisch

Rüen Thai

Der Gastraum ist etwas in die Jahre gekommen, was bei all dem asiatischen Nippes eine irgendwie schräge Atmosphäre kreiert. Mittendrin findet man aber verdächtig viele Flaschen erstklassigen Weins – insbesondere aus der Gegend von Bordeaux. Man wählt am besten zuerst den Wein und lässt sich dazu dann das Essen zusammenstellen. Und das ist immer die Referenz für Thai-Küche in München: Currys, Seafood, knuspriges Geflügel – spicy, delicious, yummy und auf Wunsch verboten scharf.

Kazmairstraße 58, Westend,
Tel.: 089/503239, www.rueen-thai.de,
Öffnungszeiten: Mo–Do 12–14.30 Uhr
& 18–24 Uhr, Fr–So 18–24 Uhr

Manam

Kleine Hocker, ein paar Tische, bunt, winzig und mit einer offenen Garküche ausgestattet. Thaiküche aus dem Wok, frisch und authentisch. Nicht zum langen Verweilen, aber traumhaft, um für eine halbe Stunde in eine schlicht inszenierte und dennoch beeindruckende Aromensymphonie einzutauchen.
Rosenheimer Straße 34, Haidhausen,
Tel.: 089/23796118,
www.manamtimesquare.com,
Öffnungszeiten: Mo–Do 11.30–3 Uhr,
Fr & Sa 12–5 Uhr, So 12–3 Uhr

Vietnamesisch

Charlie

Altmodische Holzstühle, graue Wände, schwere Industrielampen, keinerlei Chichi – die Einrichtung im Charlie lässt zunächst keine vietnamesische Küche vermuten. Das Interieur stammt teils noch vom Vorgängerlokal, einem Wirtshaus. Das macht den Kontrast zum authentischen vietnamesischen Essen umso spannender. Absolute Empfehlung: das Curry mit Bio-Rind, Karotten und Süßkartoffeln. Der Service ist locker und freundlich. Ein Lieblingsort, um sich nach Feierabend mit Freunden zu treffen.
Schyrenstraße 8, Untergiesing,
Tel.: 089/48058244, www.charl.ie,
Öffnungszeiten: Mo–Sa 18–1 Uhr,
So 17–23 Uhr

Top!

Cochinchina

Betörend schön kommt das Cochinchina in Schwabing daher: Grüne Wände, filigrane Paravents, indirekte Beleuchtung hinter den Sitzbänken und edle Lampions entführen den Gast in eine andere Welt. Wer in diesem fantastischen vietnamesischen Restaurant keinen Platz bekommt, versucht es in den beiden Ablegern des Ladens, Anh Thu in Schwabing oder Chuchin in Bogenhausen.

Kaiserstraße 28, Schwabing,
Tel.: 089/38989577,
www.cochinchina.de, Öffnungszeiten:
täglich 11.30–14.30 Uhr & 18–24 Uhr

Jaadin Grillhouse

Mehr als 200 Sitzplätze gibt es im Jaadin – und trotzdem wirkt das Restaurant alles andere als ungemütlich. Dafür sorgt die Unterteilung in verschieden gestaltete Bereiche. Das Interieur kommt sehr durchgestyled daher, mit leuchtenden Neonschriftzügen an den Fenstern, Marmortheke, Tapeten und Samtsofas. Das Essen funktioniert nach dem Sharing-Prinzip: Die Gerichte kommen in die Mitte des Tisches, jeder darf alles probieren. Also: Immer schön an eine angenehme Begleitung denken.

Leopoldstraße 158, Schwabing,
Tel.: 089/998241950,
Öffnungszeiten: So–Fr von 11.30–15 Uhr
& 18–23 Uhr, Sa 18–24 Uhr

Enter the Dragon

Stolze 1500 Quadratmeter groß ist Münchens 2018 eröffnetes Mega-Lokal „Enter the Dragon" am Lenbachplatz, in dem es leuchtet und blinkt und die Pflanzen wuchern. Die vier Bereiche sind jeweils nach Bruce-Lee-Filmen benannt: Das Restaurant nennt sich „The Flying Dragon", die Tiki-Karaokebar „The Crouching Tiger", der Club „The Drunken Monkey" und der Imbiss „The Fat Panda". Der Straßenverkauf (Mo–Do 12–24 Uhr, Fr–So 12–22 Uhr) bietet aber keineswegs Fastfood, sondern frisch zubereitete vietnamesische Sandwiches, Suppen und Salate.

Lenbachplatz 1, Altstadt,
Tel.: 089/125036810,
www.enter-the-dragon.com

Griechisch

Taverne Anti

Reduziert, unkonventionell, schlicht. Archaisch und anarchisch. Wäre das Anti in Brighton, würde Nick Cave wieder mit dem wilden Leben anfangen.

Jahnstraße 36, Isarvorstadt,
Tel.: 089/268387, Öffnungszeiten:
Mo 17–1 Uhr, Di–So 12–1 Uhr

JAADIN GRILLHOUSE

Paros

Der „Stammgrieche" der halben Stadt! Man sitzt eng, es ist meistens laut, wenn jemand Geburtstag feiert – was fast täglich vorkommt –, fliegen die Servietten und der Ouzo fließt in Strömen. Klassische griechische Küche, flinker Service, griechischer Wein.
Kirchenstraße 27, Haidhausen, Tel.: 089/4702995, www.paros-muenchen.de, Öffnungszeiten: täglich 17–1 Uhr

Taverna Kreta Grill

Kleine familiengeführte Taverne mitten im schönen Schwabing. Das Interieur – Steinboden, weiße Tische, hellblaue Stühle mit Binsengeflecht, Olivenbäumchen – kommt wie am Mittelmeer daher. Wenn dann noch gegrillter Fisch mit Gemüse kredenzt wird, ist die Urlaubsstimmung perfekt. Am Wichtigsten aber: der herzliche Service.
Nordendstraße 60, Schwabing, Tel.: 089/722997271, www.kreta-grill-muenchen.de, Öffnungszeiten: Mo–Sa 12–15 Uhr & 18–23 Uhr

Orientalisch

Keko

Beyond Döner – raffinierte Gewürze, liebevoll zubereitete Vorspeisen, butterzarter Lammrücken, die Dorade im Ganzen auf den Punkt gebraten. Und die sprichwörtliche türkische Gastfreundschaft bietet einen tadellosen, sehr familiären Service, der nie aufdringlich oder übergriffig ist. Wie ein guter Freund (türkisch Keko) eben sein sollte.
Mariahilfstraße 24, Au, Tel.: 089/659969, www.keko-restaurant.com, Öffnungszeiten: Mo–So 17–1 Uhr, So 10–14.30 Uhr & 17–1 Uhr

Spice Bazaar

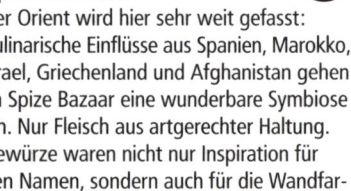

Der Orient wird hier sehr weit gefasst: Kulinarische Einflüsse aus Spanien, Marokko, Israel, Griechenland und Afghanistan gehen im Spize Bazaar eine wunderbare Symbiose ein. Nur Fleisch aus artgerechter Haltung. Gewürze waren nicht nur Inspiration für den Namen, sondern auch für die Wandfarben. Dazu kommen stylishe Möbel und fancy Lampen.
Marstallplatz 3, Altstadt, Tel.: 089/25547777, www.thespicebazaar.de, Öffnungszeiten: Mo–Fr 17–1 Uhr, Sa 15–1 Uhr, So 15–22 Uhr

Neni

Ausgehend von Wien ist mittlerweile in vielen europäischen Großstädten ein „Neni"-Restaurant aus dem Gastroimperium der Familie zu finden, in München etwa im stylishen 25hours-Hotel direkt am Hauptbahnhof. In dieses zwielichtige Viertel bringt das Neni eine große Portion Glamour.
Bahnhofsplatz 1, Ludwigsvorstadt-Isarvorstadt, Tel.: 89/904001561, www.nenimuenchen.de, Öffnungszeiten: Mo–Fr 6.30–15 Uhr & 17.30–23 Uhr, Sa & So 7–15 Uhr, 17.30–23 Uhr

Französisch

Buffet Kull

Der Speiseraum könnte Julien Greens „Leviathan" entsprungen sein oder als Kulisse für einen Chabrol-Film dienen. Aber im Gegensatz dazu ist die farbenfrohe ländliche Idylle im Kull nicht trügerisch und man muss sich auch nicht auf Abgründe gefasst machen. Die Küche ist mittlerweile mediterran-international, doch die wunderbare Atmosphäre lässt einen an den Hafen von Juan-les-Pins denken. Es isst und trinkt sich einfach gut hier!

Marienstraße 4, Altstadt,
Tel.: 089/221509, www.buffet-kull.de,
Öffnungszeiten: täglich 18–1 Uhr

Atelier Gourmet

Der substanziellste der zahlreichen Franzosen im oft als „Franzosenviertel" titulierten Haidhausen. Elaborierte Bistroküche auf konstant hohem Niveau, konturierte Aromatik, ideale Garpunkte, schöne Spannungsbögen für den Gaumen. Und die Bedienung durch das Gastgeberpaar mit französischem Akzent ist ebenso charmant wie kompetent. Perfekter Weinservice.

Rablstraße 37, Haidhausen,
Tel.: 089/487220, www.ateliergourmet.de,
Öffnungszeiten: Mo–Sa 18–1 Uhr

L'Adresse 37

Früher in Haidhausen gelegen hat das französische Restaurant seit 2017 eine neue Heimat im Westend gefunden. Klassische französisch-mediterrane Küche, zeitgenössisch interpretiert, abwechslungsreich, frisch, spannende Aromakontraste, betörende Zwischensorbets. Aufmerksamer und doch diskreter Service und eine wohltuend andere Weinkarte.

Tulbeckstraße 9, Westend, Tel.:
089/62232119, www.ladresse37.de,
Öffnungszeiten: täglich 18–0.30 Uhr

Chez Fritz

Wundervolle kleine französische Brasserie, in die sich jede Französin Münchens rettet, wenn sie Heimweh nach Paris hat. Einmal Moules et frites, s'il vous plaît!

Preysingstraße 20, Haidhausen,
Tel.: 089/4487676, Öffnungszeiten:
Di–So 17.30—1 Uhr

Steak-Restaurants

The Grill

Where's the beef? Im noblen, um 1900 gebauten Künstlerhaus muss man erst eine lärmende, pulsierende Pizzeria im Erdgeschoss durchqueren, um dann über 59 Stufen hinauf in den ersten Stock in Münchens Fleischtempel Nummer 1 zu gelangen.

Lenbachplatz 8, Altstadt,
Tel.: 089/45205950,
www.the-grill-munich.de, Öffnungs-
zeiten: Mo–Sa 18–24 Uhr

Theresa

Durchgestyltes Restaurant mit offenem Holzkohlegrill. Seit einigen Jahren der Steakladen in der Maxvorstadt. Schon die Lektüre der Karte lässt Fleischliebhabern das Wasser im Mund zusammenlaufen: Hohe Rippe, Rinderfilet, Kalbskarree oder Kotelett, dazu Süßkartoffelpommes und Sauce béarnaise. Wer nach dem Essen noch Platz für einen Cocktail hat, findet im Hinterhof die dazugehörige Bar, die aussieht, als stamme sie aus einem James-Bond-Film.

Theresienstraße 29, Maxvorstadt,
Tel.: 089/28803301,
www.theresa-restaurant.de , Öffnungs-
zeiten: Mo–Sa 12–14.30 Uhr &
18–1 Uhr, So 10–16 Uhr & 18–1 Uhr

Klassiker

Hofbräuhaus

Für den Münchner im Grunde eine No-go-Area: laut, touristisch, bodenständige, dafür aber preiswerte bayerische Küche. Aber das Platzl mit dem Hofbräuhaus, den unzählbaren Alfons-Schuhbeck-Locations, Souvenirläden, Fußball-Fanshops und Provinzfolklore gehört einfach zu München. Einfach über den Platz schlendern, in der Schwemme oder bei schönem Wetter im kastanienbewachsenen Innenhof eine Maß Bier trinken – das ist einfach unterhaltsam und entspricht der vielbesungenen Liberalitas Bavariae: leben und leben lassen …

Am Platzl 9, Altstadt, Tel.: 089/290136100, www.hofbraeuhaus.de, Öffnungszeiten: täglich 9–23.30 Uhr

Kulisse

Ursprünglich für die Besucher der Kammerspiele gedacht, ist die Kulisse doch mehr als ein Theaterrestaurant. Mitten in der teuersten Straße der Stadt stellt sie einen Rückzugspunkt dar: Café, Bistro, Restaurant, Bar – je nachdem, wonach einem gerade der Sinn steht. Draußen auf dem Gehsteig oder am Fenster hat man einen hervorragenden Blick auf die Reichen und Schönen ebenso wie auf die Power-Luxus-Shopper aus Arabien, Asien oder vom Tegernsee. Und drinnen herrscht angenehme Ruhe bei wirklich guter gastronomischer Auswahl zu mehr als zivilen Preisen.

Maximilianstraße 36, Altstadt, Tel.: 089/294728, www.kulisse-restaurant.de, Öffnungszeiten: Mo–Sa 8.30–1 Uhr, So 17–1 Uhr

Trader Vic's

Kugelfischlampen, polynesische Holzstatuen, hawaiianische Möbel, wild gemusterte Teppiche. Ein Anachronismus? Seit mehr als 45 Jahren besteht das Trader Vic's so gut wie unverändert im Keller des Hotels Bayerischer Hof und fasziniert immer wieder aufs Neue. Seafood, Currys, Ente aus dem chinesischen Feuertopf, kurz: asiatische und pazifische Küche in einem nostalgisch angehauchten Ambiente. Exzellente Auswahl an Rum-Cocktails.

Trader Vic's im Hotel Bayerischer Hof, Promenadeplatz 2–6, Altstadt, Tel.: 089/2120995, www.bayerischerhof.de, Öffnungszeiten: täglich 18–24 Uhr

SCHUMANN'S

Schumann's

Das Schumann's ist der Bar-Klassiker der Stadt! Großzügige Architektur, klar und mondän, Cocktails wie Service sind herausragend. Hier trifft man sich, feiert, pflegt seine Netzwerke, baut Kontakte auf, genießt Roastbeef mit Bratkartoffeln oder widmet sich dem stilvollen Trinken. Und betrachtet dabei das Publikum: falsche und echte Prominenz, Literaten, Werbeleute, Sportler oder ganz normale Menschen, die diesen Ort schätzen, einfach weil er existiert. Ein München ohne Charles Schumann wäre gewiss ärmer.
Odeonsplatz 6–7, Altstadt,
Tel.: 089/229060, www.schumanns.de,
Öffnungszeiten: Mo–Fr 8–3 Uhr,
Sa & So 18–3 Uhr

Kaisergarten

Seit mehr als 100 Jahren geht der Kaisergarten mit der Zeit, wandelt und häutet sich, erfindet sich immer wieder neu und pflegt doch seine Wurzeln. Das Essen ist bodenständig fein, es gibt bayerische Schmankerl, aber auch frisch geschabtes Tatar mit Kapern und Avocado, Gazpacho und Wiener Schnitzel sowie eine allumfassende Frühstückskarte. Und im kleinen Garten sitzt es sich unter den schattenspendenden Kastanien einfach wunderbar.
Kaiserstraße 34, Schwabing,
Tel.: 089/34020203, www.kaisergarten.com,
Öffnungszeiten: täglich 10–1 Uhr

Gehobene Küche

Tantris

Gegenüber dem Polizeirevier, in unscheinbarer Lage in einem schmucklosen 70er-Jahre-Bau, lassen nur die Betonskulpturen auf dem Parkplatz etwas Besonderes vermuten. Drinnen: funkige Eleganz in Orange-Rot-Schwarz! 1971 als Gründungsstätte der Nouvelle Cuisine in Deutschland eröffnet, ist das Tantris kontinuierlich auf höchstem

Niveau. Essen Sie lieber vier Gänge à la carte, als sich mit einem der Menüs die Entscheidung leicht zu machen. Es lohnt sich.
Johann-Fichte-Straße 7, Schwabing,
Tel.: 089/3619590, www.tantris.de,
Öffnungszeiten: Di–Sa 12–15 &
18.30–24 Uhr

Käfer-Schänke

In Käfers Gourmetrestaurant gehen seit jeher die Münchner, die etwas auf sich halten und das nötige Kleingeld haben. Schlichtes Ambiente mit eingedeckten Tischen. Ob Wiener Schnitzel oder Rotgarnelen-Ceviche – egal, was hier kredenzt wird, es mundet.
Prinzregenstraße 73, Bogenhausen,
Tel.: 089/4168247, www.feinkost-kaefer.de,
Öffnungszeiten: Mo–Sa 11.30–23 Uhr

Schwarzreiter

Der Schwarzreiter, ein Saibling aus dem Königssee, galt als Lieblingsgericht von Bayerns König Ludwig II. Im Restaurant Schwarzreiter darf sich der Gast wie ein König fühlen. Perfekter Service in freundlichem Ambiente bilden die Basis für ein hervorragendes kulinarisches Erlebnis. Die Küchenchefs haben sich „Young Bavarian Cuisine" auf die Fahnen geschrieben – leichtes Rindertartar statt schwerem Schweinebraten. Dafür gab's 2018 sogar einen Michelin-Stern!
Maximilianstraße 17,
im Hotel Vier Jahreszeiten, Altstadt,
Tel.: 089/21252125, Öffnungszeiten:
täglich 12–24 Uhr

KÄFER-SCHÄNKE

Dallmayr

Seit Herbst 2018 präsentiert sich das Dallmayr-Restaurant in neuem Look und möchte auch junge Leute an die Spitzengastronomie heranführen. Modische Kranich-Tapeten, lilafarbener Teppich und Kolonialzeit-Möbel zieren jetzt den 1. Stock des berühmten Hauses. Küchenchef Christoph Kunz kommt zwar aus der Sternegastronomie, steht aber für einen leichten und zugänglichen Stil.
Dienerstraße 14–15, Altstadt, Tel.: 089/2135100, www.dallmayr.com, Öffnungszeiten: Mi 19–21.30 Uhr, Do–Sa 12–13.30 Uhr & 19–21.30 Uhr (last order)

Atelier

Münchens einziges Drei-Sterne-Restaurant: Küchenchef Jan Hartwig ist der absolute Überflieger in der deutschen Spitzengastronomie. Saisonale Zutaten werden hier zur Haute Cuisine. Einen Tisch im Atelier im Hotel Bayerischen Hof sollte man dementsprechend schon ein gutes Stück im Voraus buchen.
Promenadeplatz 2–6, Altstadt, Tel.: 089/2120892, www.bayerischerhof.de, Öffnungszeiten: Di–Sa 19–24 Uhr

Geisels Werneckhof

In einer ruhigen Seitengasse zwischen Leopoldstraße und Englischem Garten gelegen, hat sich der Werneckhof zu einer der angesehensten Adressen der Stadt gemausert. Küchenchef Tohru Nakamura hat zwei Sterne für das Restaurant erkocht. Gekonnt garnierte, klassische europäische Haute Cuisine mit japanischen Akzenten.

Werneckstraße 11, Schwabing, Tel.: 089/38879568, www.geisels-werneckhof.de, Öffnungszeiten: Di–Sa 19–24 Uhr

Acquarello

Das Restaurant von Sternekoch Mario Gamba. Italienische Küche und Aromen verknüpft mit der handwerklichen Perfektion französischer Nouvelle Cuisine. Das Ergebnis ist puristisch, aber nicht schlicht: Die Vorspeisen sind von raffinierter Eleganz, die gefüllten Paste betören durch ihren durchscheinenden Teig, die Hauptspeisen bestechen durch ungewöhnliche Intensität und bleiben doch luftig und leicht.
Mühlbaurstraße 36, Bogenhausen, Tel.: 089/4704848, www.acquarello.de, Öffnungszeiten: Di–Fr 12–14 Uhr & 18.30–23 Uhr, Sa & So 18.30–23 Uhr

Business Lunch

Vini e panini

Eine Schwabinger Institution: 1983 fing Andreas Boscagli, geboren in Siena, damit an, in seinem kleinen Laden an der Nordendstraße etwas Wein und Spezialitäten aus der Toskana zu verkaufen. Weil es auch eine Küche gab, bekochte er irgendwann auch die Geschäftsleute aus der Nachbarschaft. Einfach, aber gut ist die Devise des Italieners. Mittlerweile hilft auch der Sohn mit. Nicht nur die Schwabinger wissen die täglich frischen Pastagerichte zu schätzen.
Nordendstraße 45, Schwabing, Tel.: 089/2721743, www.viniepanini.com, Mo–Fr 10–18.30 Uhr, Sa 9–16 Uhr, Küche: 12–15 Uhr

Schumann's Tagesbar

Ideal für eine kleine Zwischenpause vom Shoppen oder von den ungemein vereinnahmenden Aufgaben des Tages. Die Dichte

an Statussymbolen ist zum Schmunzeln grotesk, der Service so perfekt wie die kleinen Speisen. Und der Espresso zu gut, um ihn mit Milch zu beleidigen. Peoplewatching at it's best. Achtung: Wait to be seated!
Maffeistraße 6, Altstadt,
Tel.: 089/24217700, www.schumanns.de,
Öffnungszeiten: Mo–Fr 8–21 Uhr,
Sa 9–19 Uhr

Fisch Witte

Münchens erste Anlaufstelle für frischen Fisch. Wer nicht selbst kochen möchte, kann im Bistro die legendäre Fischsuppe oder Loup de mer auf Salat speisen. Hier trifft man sich mittags, um bei einem Glas Champagner über Gott und die Welt zu sinnieren.
Viktualienmarkt 9, Altstadt,
Tel.: 089/22800167, www.fisch-witte.de,
Öffnungszeiten: Mo–Fr 8–18 Uhr,
Sa 8–16 Uhr

Kleines Kameel

Ciao, Bella! Gut gelaunte Kellner empfangen die Gäste in der stilvollen Cafébar. Die Gäste machen es sich mittags bei Pasta und Hugo auf cremefarbenen Ledersofas gemütlich, danach gibt es noch einen schnellen caffè. Im Hintergrund läuft Eros Ramazotti. Italienisches Innengefühl in der Münchner Innenstadt.
Hofgraben 3, Altstadt, Tel.: 089/24291999,
www.kleines-kameel.de, Öffnungszeiten:
Mo–Sa 10–20 Uhr

ACQUARELLO

Casa Italiana

Warmes, lebendiges italienisches Laden-Bistro gleich um die Ecke vom Viktualienmarkt. Fantastisch frische italienische Mittagsgerichte, immer gute Stimmung und voller Stammgäste.
Westenriederstraße 10, Altstadt,
Tel. 089/24205196,
www.feinkost-casaitalia.de, Öffnungs-
zeiten: Mo–Sa 8.30–20 Uhr

Dallmayr Bar & Grill

Direkt neben den Marktständen im Dallmayr-Stammhaus am Marienhof befindet sich seit eh und je der Bistro-Bereich des Hauses, in dem man feinen Damen in Pelzmänteln beim Austern-und Kaviarverzehr zuschauen kann – erst kürzlich haben diese Räume ein behutsames, aber doch komplettes Makeover bekommen.
Dienerstraße 14–15, Altstadt,
Tel. 089/2135112, www.dallmayr.de,
Öffnungszeiten: Mo–Do 8–23 Uhr,
Fr 8–24 Uhr, Sa 9.30–24 Uhr

Imbiss / Auf die Hand

Bistro ÖQ

Der Laden der Hermannsdorfer Landwerkstätten bietet nicht nur sehr gutes Fleisch, Geflügel und Käse von Tieren aus artgerechter Haltung, sondern beherbergt auch ein Feinschmeckerbistro. Exzellentes Bio-Essen in offener Küche direkt vor den Augen des Kunden zubereitet.
Frauenstraße 6, Altstadt, Tel.: 089/263525,
www.hermannsdorfer.de, Öffnungszeiten:
Mo–Fr 9–18.30 Uhr, Sa 9–16 Uhr

Fräulein Grüneis

Viele Jahre eine öffentliche Bedürfnisanstalt(!), hat diese Location endlich eine schöne Bestimmung gefunden. Ob Bier, Kaffee, Brotzeit, Süßes oder Pausenbrot: In dem hübschen grün-weißen Kiosk mit Imbiss in Laufnähe zum Eisbach findet man alles für Zwischendurch.

Lerchenfeldstraße 1a, Lehel,
Tel.: 089/23032670,
Öffnungszeiten: Mo–Fr 8–20 Uhr,
Sa & So 10–20 Uhr

Sababa

Sababa heißt übersetzt: eine gute Zeit haben. Und die hat man an dem orientalischen Imbiss-Stand am Viktualienmarkt durchaus. Bei Sababa gibt es wunderbare Falafel- und Schawarma-Teller, frisch zubereitet und weit weg von dem, was man von gewöhnlichen Straßenimbissen kennt. So schmeckt der Orient mitten in Münchens Zentrum!

Westenrieder Straße 9, Altstadt,
Tel.: 089/23237881,
www.sababa-munich.com,
Öffnungszeiten: Mo–Sa 10–19 Uhr

Caspar Plautz

Top!

Der coolste Stand auf dem Viktualienmarkt: Die beiden jungen Münchner Theo und Dominik verkaufen seit Sommer 2017 mehr als 20 Sorten Kartoffeln und bereiten daraus feine Gerichte zu, etwa mit Linsen oder Räucherforelle. Dabei hatten die beiden – der eine Soziologe, der andere Goldschmied – davor gar nichts mit der Gastronomie am Hut, sie übernahmen das Standl mehr durch Zufall. Ihre Liebe zur Kartoffel spürt und schmeckt man aber!

Viktualienmarkt, Abt. III, Stand 38,
Altstadt, www.casparplautz.de,
Öffnungszeiten: Mo–Sa 9–18 Uhr,
warme Küche: 11.30–15.30 Uhr

LeDu Happy Dumplings

Leichte Speisen aus dem Reich der Mitte in minimalistischem Ambiente: Einen feinen Snack zu Mittag findet man bei LeDu. Hier gibt es die beliebten Dumplings – chinesische Teigtaschen – mit verschiedenen Füllungen. Knusprig gebraten oder gedämpft, mit Rind und Porree, Schwein und Sauerkraut oder vegetarisch. Das Fleisch kommt von einer Bio-Metzgerei aus dem Allgäu. Eine hervorragende deutsch-chinesische Symbiose! Tipp: Im Untergeschoss der Tramstation Karlsplatz/Stachus gibt es eine weitere LeDu-Filiale, in der deftig-knusprige chinesische Pfannkuchen namens Jianbing auf die Hand serviert werden.

TUSHITA TEEHAUS

TUSHITA TEEHAUS

*Mehrere Filialen, u.a. Theresienstraße 18,
Maxvorstadt, Tel.: 089/95898460,
mehr Infos unter www.ledu-dumpling.de,
Öffnungszeiten: Mo–Do 11.30–21.30 Uhr,
Fr 11.30–22 Uhr, Sa 12–22 Uhr,
So 12–21.30 Uhr*

Condesa

Viva Mexico! Farbenfrohe Wände und
Möbel, ein wenig Kitsch und Mitarbeiter,
die das Essen – südamerikanische Speziali-
täten wie Burritos und Quesadillas – vor
den Augen der Gäste frisch zubereiten.
*Drei Mal in München, u.a. Münchner
Freiheit 6, Schwabing,
Tel.: 0176/20227136,
www.condesa-gourmet-tacos.de,
Öffnungszeiten: Mo–Fr 11–22 Uhr,
Sa 12–22 Uhr, So 12–21 Uhr*

Essen nach Mitternacht

Bergwolf

Sicherlich nicht die beste Currywurst der
Welt, doch der Curryladen mit dem größten
Kult-Appeal. Nachts Anlaufstation für viele
Schwärmer im Gärtnerplatzviertel.
*Fraunhoferstraße 17, Isarvorstadt,
Tel.: 089/23259858, Öffnungszeiten:
Mo–Do 12–15 & 18–2 Uhr, Fr 12–15 &
18–4 Uhr, Sa 12–4 Uhr, So 17–22 Uhr*

Cosmo Grill

Schon 2006 eröffnet, war das Cosmo Grill
die Keimzelle der neuen Burger-Kultur in
München: Bio vom Fleisch bis zur Green-
peace-Stromversorgung. Kreative Burger
bei ausgehfreundlichen Öffnungszeiten!
*Maximilianstraße 10, Altstadt,
Tel.: 089/89059696, www.cosmogrill.de,
Öffnungszeiten: Mo–Mi 12–22.30 Uhr,
Do 12–1 Uhr, Fr & Sa 12–6 Uhr,
So 15–21 Uhr*

Vegan & Vegetarisch

Prinz Myshkin

Kaum zu glauben, dass es dieses Restaurant schon seit mehr als 25 Jahren gibt!
Unter hellen, hohen Gewölbebögen
präsentiert sich der Klassiker für vege-
tarische und vegane Küche modern,
klar und ohne den Hauch einer anstrengenden Öko-Attitüde. Die Karte reicht von
asiatisch bis mediterran, die Teller kommen
farbenfroh daher, Zutaten wie Zubereitung
sind tadellos. Gemüse kann wirklich
Spaß machen!
*Hackenstraße 2, Altstadt,
Tel.: 089/265596,
www.prinzmyshkin.de, Öffnungszeiten:
täglich 11–23 Uhr*

Gratitude

„Einfach natürlich essen" – das ist der
Leitspruch des Gratitude. Der Küchenchef
baut hier schon mal eine komplette
Hauptspeise um eine Avocado herum.
Viele Kräuter, viel Geschmack, kein Fleisch-
ersatz. Die Karte passt auf eine Seite,
aber jedes Gericht ist durchdacht.
*Türkenstraße 55, Maxvorstadt,
Tel.: 089/88982174,
www.gratitude-restaurant.de,
Öffnungszeiten: Di–Sa 12–14.30 Uhr &
18–24 Uhr, So 18–24 Uhr*

Tushita Teehaus

Japanisches Teehaus mit überzeugender
veganer Küche. Klare, zen-artige Einrichtung, perfekte Teezeremonie, delikate süße
und salzige Snacks, täglich frische, wechselnde Mittagsgerichte. Und unglaublich
freundlicher Service.
*Klenzestraße 53, Isarvorstadt,
Tel.: 089/18975594, www.tushita.eu,
Öffnungszeiten: Mo–Fr 9–20 Uhr,
Sa 10–20 Uhr*

WEITER AUF SEITE 74 ➜

Michaela Bogner

—

Zertifizierte Olivenölverkosterin

Sie müssen es wissen: Wo kauft man in München gutes Olivenöl und worauf sollte man dabei achten?
Eataly in der Schrannenhalle neben dem Viktualienmarkt hat eine ganz gute Auswahl. Wichtig ist, das aktuelle Erntejahr zu kaufen. Wenn man sich nicht sicher ist, beim Personal nachfragen. Am besten aber kauft man exzellentes Olivenöl beim Fachhändler, der die Öle optimal dunkel und kühl gelagert hält und Analysewerte sowie Informationen zu den Produzenten bereithält.

Und wo kaufen Sie in München alle anderen Lebensmittel für den täglichen Bedarf?
Auf den Bauernmärkten der Stadt. Zum Beispiel der auf dem Josephsplatz in Schwabing, auf dem St.-Anna-Platz im Lehel oder auf dem Mariahilfplatz in der Au. Mehr erfährt man auf der Website www.muenchner-bauernmaerkte.de. Fleisch und Wurst kaufe ich in Bio-Qualität, der Platzhirsch in München ist Hermannsdorfer. Mit gutem Brot sind wir in München gesegnet. Ich wechsle zwischen den Filialen der Fritz Mühlenbäckerei oder der Hofpfisterei. Einen Abstecher wert in der Innenstadt ist auch die *Hofbräuhaus-Kunstmühle.*

Essen gehen in München – was empfehlen Sie?
Zum Frühstücken gehe ich gern ins *LOUIS Hotel* am Viktualienmarkt. Mittags ist mein Favorit die fantastische Pizza im *Passaparola* in Schwabing. Auch die Vorspeisen wie zum Beispiel Büffelmozzarella, gereifter Parmesan und Parmaschinken mit Senffrüchten haben eine Top-Produktqualität. Nach dem Stadtbummel lege ich gern im *Dallmayr Bar & Grill* einen Stopp ein.

Eataly – Blumenstraße 4 / *Jakob Blum Hofbräuhaus-Kunstmühle* – Neuturmstraße 3 / *LOUIS Hotel* – Viktualienmarkt 6 / *Passaparola* – Kaiserstraße 47 / *Dallmayr Bar & Grill* – Dienerstraße 14–15

Siggis

Solide Adresse für Veganer rund um den Viktualienmarkt, ob für Snacks zum Mitnehmen, Kuchen oder ein frisches Mittagsgericht von der Karte – hier ist nichts 08/15, alle Gerichte werden mit großer Hingabe zubereitet.

Westenriederstraße 37, Altstadt, Tel. 089/24292033, Öffnungszeiten: Mo–Fr 11–22 Uhr, Sa & So 10–22 Uhr

Blitz

Im Blitz feiern fröhliche Skelette eine ausgelassene Party: Das bunte Wandgemälde, das sich über das gesamte Lokal erstreckt, hat eine Münchner Tätowiererin gestaltet. Mit gedeckten Tischen und Kerzenlicht wird's trotzdem gemütlich. Gastronomin Sandra Forster hat dem Fleischkonsum seit Jahren abgeschworen – im Blitz kommt daher nur vegetarisches Essen auf die Teller. Die Gerichte sind von der mexikanischen Küche inspiriert, etwa Quesadillas oder Fajitas.

Museumsinsel 1, Eingang via Ludwigsbrücke, Innenstadt, Tel.: 089/380126560, www.blitz.restaurant, Öffnungszeiten: Di–Sa 18–1 Uhr

Tian

Top!

Wer Fleischliebhaber – zumindest für einen Abend – von der vegetarischen Küche überzeugen will, sollte ins Tian gehen: Das Gourmet-Restaurant am Viktualienmarkt ist in kürzester Zeit zum stadtweiten Tipp avanciert. Der Küchenchef legt Wert auf regionales Gemüse und braucht für seine kunstvollen Speisen keinen Fleischersatz wie Seitan oder Tofu. Vorzüglich! Eine Reservierung wird dringend empfohlen.

Frauenstraße 4, Altstadt, Tel.: 089/885656712, www.tian-restaurant.com/muenchen, Öffnungszeiten: Di–Sa 12–14 Uhr & 18–21.30 Uhr

Veganes Frühstücksbuffet im Louis Hotel

Nicht nur, dass man im Louis Hotel beim Frühstück den Blick auf den Viktualienmarkt genießt, im hauseigenen Restaurant gibt es für tierliebe Frühstücksfreunde ein ganz besonderes Schmankerl: Neben den Klassikern wird hier auch eine große Auswahl an veganen Speisen angeboten. Auf dem Buffet finden sich gebratene Ananas, Griesschnitten, süßer Safranreis, Gemüse-Tempura mit Aprikosen-Chutney, gegrillter Kürbis, Miso-Suppe …

Louis Hotel, Viktualienmarkt 6, Altstadt, Tel.: 089/4111908111, Brunch: Mo–Fr 6.30–11 Uhr, Sa & So 6.30–14 Uhr

Pâtisserie

Dukatz
Frische Croissants, Eclairs, Törtchen und Tartelettes, aber auch herzhafte Snacks. Zum Mitnehmen oder vor Ort genießen. Klasse Espresso.
Zwei Filialen: St.-Anna-Straße 11, Lehel, Tel.: 089/2303244; Klenzestraße 69, Isarvorstadt, Tel.: 089/20062893; www.patisserie-dukatz.de, Öffnungszeiten: Mo–Fr 7.30–19 Uhr, Sa 8–19 Uhr, So 9.30–12.30 Uhr

Obori
Ja, das beste Baguette kommt aus dieser japanischen Bäckerei. Und darüber hinaus gibt es hier verführerische kleine Törtchen, Eclairs, Tartes, Semmeln, Brot … Kunst aus Mehl.
Lothringer Straße 15, Haidhausen, Tel.: 089/44142666, Öffnungszeiten: Mo–Fr 9–18 Uhr, Sa 9–12 Uhr

MAELU
Das große Schaufenster in der Theatinerstraße lässt regelmäßig Kinder- und Erwachsenenherzen höher schlagen: Aufgetürmte bunte Macarons, Pralinen und feine Törtchen machen es schwer, der süßen Versuchung zu widerstehen. Wunderschön, preisgekrönt und vor allem: ein Genuss!
Theatinerstraße 32, Altstadt, Tel.: 089/24292597, Öffnungszeiten: Mo–Sa 10.30–19 Uhr, So 13–18 Uhr

Tea Time
Jahreszeiten Lobby
Unter einer kunstvollen, bunten Glaskuppel lädt eine der schönsten Hotellobbys Europas zum perfekten Teegenuss ein. Warme Scones, echte Sandwiches, Obsttörtchen und Petit Fours zum Afternoon-Tea bieten die perfekte Erholung zwischendurch.

Im Hotel Vier Jahreszeiten, Maximilianstraße 17, Altstadt, Tel.: 089/21251745, www.kempinski.com, High Tea täglich von 15–18 Uhr

The Victorian House
Very british, aber nicht zu sophisticated. Englische Einrichtung im Stil des 19. Jahrhunderts, breit gefächerte Teeauswahl, duftende Scones auch hier, Blümchentapeten, Original-Clubsandwich – einladend und gemütlich, vor allem an einem verregneten Tag.
Frauenstraße 14, Altstadt, Tel.: 089/25546947, www.victorianhouse.de, Öffnungszeiten: Mo–Sa 9.30–18 Uhr, So 9.30–17 Uhr

Chaadin Teahouse
Hellgrüne Wände, pastellfarbene Lampions und gemütliche Sofas: Das im Herbst 2018 eröffnete Chaadin will asiatische Teekultur in München etablieren. Die Betreiber, eine Münchner Familie mit vietnamesischen Wurzeln, bieten biozertifizierten Tee an. Besonders hübsch ist der Blumentee, der in filigranen Glaskännchen an den Tisch kommt. Dazu können Naschkatzen traditionelle asiatische Desserts wie grünen Pandan-Kuchen naschen.
Leopoldstraße 158, Schwabing, Tel.: 089/-998241955, Öffnungszeiten: Di–So 9–18 Uhr

Eis & Frozen Yogurt

Ballabeni

Giorgio Ballabenis Eiskreationen verzaubern – egal ob Schokolade-Ingwer, Rose-Hibiskus oder Bitterorangen-Sorbet mit sphärischem Campari. Gefrorene Haute Couture zum Löffeln!

Theresienstraße 46, Ecke Türkenstraße, Maxvorstadt, Tel.: 089/18912943, www.ballabeni.de, Öffnungszeiten: Von März – Oktober, bis Ostern täglich 11.30–21 Uhr, ab Ostern täglich 11.30–22.30 Uhr

Bartu

Top!

Erst Schuhladen-Besitzer, dann Eismacher: Thomas Bartu ist in München vielerorts präsent. Sein hervorragendes Bio-Eis hat in kürzester Zeit viele Fans gewonnen. Im Sommer stehen die Münchner Schlange vor seiner kleinen Eis-Manufaktur.

Wilhelmstraße 23 und Türkenstraße 53, Schwabing, Tel.: 089/38476040, www.bartu-bioeismanufaktur.de, Öffnungszeiten: Mo–Do 11–20 Uhr, Fr–So 11–21 Uhr, im Sommer bis 22 Uhr

Gelati In

Unscheinbarer Laden, aber dafür gibt es hier noch ehrliche Eismacherkunst. Die Anzahl der Sorten ist überschaubar, dafür ist jede einzelne ein Genuss.

Schellingstraße 48, Maxvorstadt, Tel.: 089/37968032, Öffnungszeiten im Sommer: Di–So 12.30–22 Uhr

BALLABENI

Del Fiore

Stefano De Giglio hat sich das Eismachen in Eigenregie beigebracht, dafür beherrscht er es mittlerweile in Perfektion. Die Sorten, etwa Erdbeer-Minze oder Joghurt-Honig, kommen nicht so abgedreht daher wie andernorts. Besonders gut ist hier auch das Kokosnuss-Sorbet.

Gärtnerplatz 1, Isarvorstadt, Tel.: 089/2021649, www.delfiore-gelato.de, Öffnungszeiten: Mo–Sa 12–22 Uhr

Trampolin

Man muss schon wissen, wo man das Eis von Stefano Santini findet: Versteckt in einer Ladenzeile in Schwabing kreiert der sympathische Eismacher spannende Sorten wie Rosenblüten-Sorbet oder Ziegenkäse-Waldfrüchte. Vielschlecker können bei Santini im Voraus zahlen: An der Wand hängt eine Tafel mit Namen der Stammkunden und ihrem jeweiligen Guthaben.

Nordenstraße 62, Schwabing, Tel.: 0176/78599210, www.trampolin-eis.de, Öffnungszeiten: täglich 11–22 Uhr

I love Leo

Nach seinem Studium in Kalifornien brachte der Münchner Johannes Hoyos 2011 den Trend Frozen Yogurt nach München. Die leichtere Alternative zur Eiscreme gewann in der Stadt schnell viele Freunde, und in der ersten Filiale, praktisch gelegen auf dem Weg von der Uni zum Englischen Garten, bildeten sich im Sommer bald lange Schlangen. Die Wahl der Toppings ist groß: Erdbeeren, Kekse, Schokosauce – oder am besten gleich alles zusammen?

Drei Filialen in München: Leopoldstraße 80, Schwabing; Veterinärstraße 20, Maxvorstadt & Rindermarkt 2, Altstadt; www.iloveleo.de, Öffnungszeiten: täglich 12–18 Uhr (Achtung, Winterpause!)

Hofbräuhaus - Kunstmühle
vorm. Königliche Malzmühle 1703

JAKOB BLUM
HOFBRÄUHAUS KUNSTMÜHLE

JAKOB BLUM
HOFBRÄUHAUS KUNSTMÜHLE

Foodshopping

Alof

Das Alof ist eine der besten jungen Bäckereien Münchens. Hier wird – das muss man in Zeiten von sich inflationär ausbreitenden Discount-Bäckereien ja leider dazu sagen – alles mit größter Leidenschaft und unter Verwendung allerbester Grundprodukte selbst gebacken. Ob Gebäck, Brot und Semmeln für Zuhause holen oder gleich hier frühstücken – glücklich wird man garantiert.
Hans-Sachs-Straße 12, Glockenbach,
Tel. 089/37955694,
Öffnungszeiten: Mo–Fr 8–20 Uhr,
Sa & So 8–18 Uhr

Jakob Blum
Hofbräuhaus Kunstmühle

In der einzigen noch in der Stadt produzierenden Mühle gibt es Mehl in allen Varianten, sei es aus Weizen, Dinkel, Roggen, Hirse, Reis, Kastanien oder Traubenkernen – stets frisch gemahlen und liebevoll verpackt. Man findet hier glutenfreies Mehl,

Körner, Getreide, Typenmehle, Spezialmischungen für Brot, Strudel, Pizza und mehr. In dem danebenliegenden Bäckerladen Knapp & Wenig gibt es dann erstklassiges Brot, Semmeln und kleines Gebäck.
Neuturmstraße 3, Altstadt,
Tel.: 089/294222,
www.hb-kunstmuehle.de,
Öffnungszeiten
Mehlladen: Mo–Sa 10–18 Uhr,
Bäckerei: Mo–Sa 7.30–19 Uhr

Dallmayr

Hier kauft das alte Geld aus Gewohnheit ein und alle anderen aus Überzeugung: Dallmayr war, ist und bleibt Münchens beste Adresse für Feinschmecker. Das traditionsreiche Delikatessenhaus besticht auf allen Ebenen durch kompromisslose Qualität und exquisite Auswahl. Die Beratung ist stets kompetent und selbst bei größtem Andrang von ausgesuchter Freundlichkeit.
Dienerstraße 14–15, Altstadt,
Tel.: 089/21350, www.dallmayr.de,
Öffnungszeiten: Mo–Sa 9.30–19 Uhr

Karnoll's Back- und Kaffeestandl

Hier gibt's definitiv die besten und frischesten Brezen der Stadt. Zudem sehr guten Filterkaffee im Haferl zum Spottpreis und interessante Leute am Kaffeestandl. Frau Karnoll hat übrigens den „Tanz der Marktweiber" ins Leben gerufen.

Viktualienmarkt, Abt. VI, Stand 6/11, Altstadt, Tel.: 089/2607931, www.karnoll-standl.de, Öffnungszeiten Backstandl: Mo–Fr 5.30–17 Uhr, Sa 5.30–14 Uhr, Kaffeestandl: Mo–Fr 6–16 Uhr, Sa 6–14 Uhr

Tölzer Kasladen

Top!

Das Paradies für Käseliebhaber: Mehr als 200 Sorten aus 10 europäischen Ländern ruhen in den Regalen und Vitrinen. In den Laden kommen nur handwerklich hergestellte Sorten von höchster Qualität.

Viktualienmarkt, Abteilung I, Stand 4, Altstadt, Tel. 089/226322, www.toelzer-kasladen.de, Öffnungszeiten: Mo–Fr 9–18.30 Uhr, Sa 8–18 Uhr

brot&butter im Manufactum-Warenhaus

Frisch gebackenes Brot aus dem Steinofen, Käse aus ganz Europa, Butter, die ihren Namen verdient, Pata-Negra- und Bellota-Schinken, allerlei regionale Erzeugnisse zum Mitnehmen oder zum Essen im hauseigenen Bistro. Und davor oder danach kann man einen Großteil der Katalogartikel im Warenhaus direkt in Augenschein nehmen.

Dienerstraße 12, Altstadt, Tel.: 089/23548250, www.manufactum.de, Öffnungszeiten: Mo–Sa 9.30–19 Uhr

Garibaldi

Münchens erste und einzige Weinladenkette für italienische Weine. Die Auswahl ist vielschichtig, stets von hoher Qualität und immer auf der Höhe der Zeit. Trotz klarem Corporate Design – ochsenblutrote Farbe und Lichtkonzept von Ingo Maurer – hat jeder Laden seinen eigenen Charme und Stil. Neben Wein gibt es auch Lebensmittel, Gläser, Bücher und natürlich fachkundigen wie freundlichen Service. Exemplarisch seien hier das Garibaldi in der Innenstadt und in Neuhausen angeführt.

Burgstraße 2, Altstadt, Tel.: 089/21667816, Öffnungszeiten: Mo–Fr 11–20 Uhr, Sa 10–18 Uhr; Nymphenburger Straße 188, Neuhausen, Tel.: 089/168973, Öffnungszeiten: Mo–Fr 10–20 Uhr, Sa 10–18 Uhr; www.garibaldi.de

Feinkost Käfer

Ein Gnadenort für Foodhunter, die Nummer eins in puncto Auswahl und Sachverstand des Personals. Dabei beweist das Haus gerade bei den einfacheren Genüssen seine Qualität: die phänomenale Wursttheke, das erstaunliche Brotsortiment sowie das sorgfältige Obst- und Gemüseangebot.

Prinzregentenstraße 73, Bogenhausen, Tel.: 089/41680, www.feinkost-kaefer.de, Öffnungszeiten: Mo–Do 9.30–20 Uhr, Fr 8–20 Uhr, Sa 8.30–16 Uhr

Verdi Süpermarket

Mitten im Hauptbahnhofviertel befindet sich eine der besten Adressen für den Obst- und Gemüse-Einkauf der Stadt. Angegliedert an den Supermarkt ist eine kleine Dönerbude, die sogar von Sterneköchen als die beste Dönerbude der Stadt bezeichnet wird.

Landwehrstraße 46–48, Hauptbahnhof, Tel. 089/535487, www.verdi-supermarket.de, Öffnungszeiten: Mo–Sa 8–20 Uhr

BOULANGERIE DOMPIERRE

FEINKOST KÄFER

Hofpfisterei

Ökobrot aus Natursauerteig – was wenig sexy klingt, überzeugt geschmacklich. Der besondere Teig darf 24 Stunden reifen, das fertige Brot bleibt tagelang frisch. Ob Walnuss, Roggen pur oder der Klassiker Öko-Sonne – schmecken tun sie alle. In Münchens Straßen steigt einem vielerorts der typische Pfisterduft in die Nase. Und manch Freund oder Verwandter wünscht sich gar ein Pfisterbrot als Mitbringsel aus München.

Zahlreiche Filialen über die ganze Stadt verteilt, z. B. in den Stachus-Passagen und am Viktualienmarkt, alle Filialen unter: www.hofpfisterei.de

Boulangerie Dompierre

Oh mon dieu! Die Freude war groß, als in München die erste Filiale der französischen Bäckerei aufmachte! Frische Baguettes, Croissants, Brioches, Tartes, Eclairs und Co. gibt es mittlerweile in vier Läden zu erstehen. Jede Filiale für sich ist liebevoll gestaltet, jenseits der spießig-altbackenen Bäckereien, wie man sie kennt.

Türkenstraße 21, Schellingstraße 10 & 34, Maxvorstadt; Tengstraße 31, Schwabing; Öffnungszeiten siehe: www.dompierre.de

Brotmanufaktur Schmidt

Die Rezepte, nach denen die Familie Schmidt backt, sind über Generationen immer weiter überliefert worden. Dass das Brot so gut schmeckt wie bei Oma ist also durchaus kein Zufall. Wer in der Münchner Gastronomie etwas auf sich hält, bezieht sein Brot von der Manufaktur Schmidt. Auch gibt es einige Filialen in der Stadt, etwa am Viktualienmarkt.

Bäckerliesl, Viktualienmarkt, Abteilung 4, Stand 27, Altstadt, www.bestesbrot.de/filialen, Öffnungszeiten: Di–Fr 6.30–17 Uhr, Sa 5.30–15 Uhr

Eataly

New York, Chicago, Rom – jeder, der einmal in einer Eataly-Filiale im Ausland war, schwärmte daheim von dem italienischen Mega-Feinkost-Supermarkt mit eigener Kochschule und Restaurants. 2015 war die Freude groß, als die italienische Firma die erste Filiale Deutschlands in der Münchner Schrannenhalle eröffnete. Auf 4600 Quadratmetern finden die Münchner in der historischen Markthalle alles, was die italienische Küche ausmacht. Die hübschen Produkte scheinen fast zu schade zum Verzehr.

Blumenstraße 4, beim Viktualienmarkt, Altstadt, www.eataly.net/de, Öffnungszeiten Markt: Mo–Sa 10–20 Uhr

Champagne Characters

Top!

Bestes Geschäft der Stadt, wenn es um Champagner geht – Inhaberin Nicola Neumann weiß alles, was es zum Thema zu wissen gibt und hat nicht nur ein wahnsinniges Sortiment auf Lager, sondern veranstaltet auch hervorragende Tastings.

Alter Messeplatz 6, Westend, Tel.: 0177/4900519, www.champagne-characters.com, Öffnungszeiten: Di, Mi & Sa 12-19 Uhr, Do & Fr 12-20 Uhr.

Mike's Lampenladen oder: Mike's Whiskeyshop

Ist das nun ein Lampenladen oder geht es hier um Whiskey? Tja! Beides! Mike verkauft Lampen, aber er luchst auch den besten Whiskeybrennern Nordamerikas regelmäßig ihre besten Tropfen ab – und Deutschlands Barkeeper luchsen sie Mike ab. Seine Tastings unter Kronleuchtern sind legendär und dauern oft bis Mitternacht.

Tal 42 und Westenriederstraße 49, Altstadt, www.mikes-whiskeyhandel.de

Drinks

Lux Bar

Eine Hotelbar in direkter Nachbarschaft zum Platzl? Es funktioniert! Dank der charmanten Atmosphäre, des gelungenen Raumkonzepts und vor allem der erstklassigen Cocktails sowie einer durchdachten Weinkarte und sehr gutem Essen. Und so kommt das Publikum großteils aus München, die Massen ziehen gottlob vorbei.

Ledererstraße 13, Altstadt,
Tel.: 089/45207300,
www.hotel-lux-muenchen.de,
Öffnungszeiten: Mo–So ab 7 Uhr,
Cocktails ab 18 Uhr, Mo–Mi bis 1 Uhr,
Do bis 2 Uhr, Fr–Sa bis 3 Uhr

Tabacco

„Ich glaube, die Welt ist drei Drinks zurück und es ist höchste Zeit, dass sie aufholt." (Humphrey Bogart) Klassisch, ruhig, entspannt, perfekte Drinks von Meistern ihres Metiers.

Hartmannstraße 8, Altstadt,
Tel.: 089/227216, www.bartabacco.de,
Öffnungszeiten: Mo–Sa 17–3 Uhr

Gamsbar

Geschmackvoll gestaltete Oase in bester Lage mit vielen alpenländischen Details – vom gemalten Schweizer Alpenpanorama über der Bar, den verwandten Materialien, einem ausgestopften Rebhuhn bis hin zum Hausaperitiv „Gamserl".

Brienner Straße 10, Altstadt,
Tel.: 089/225004, www.gamsbar.com,
Öffnungszeiten: Di–Sa 11–21 Uhr

Maria Passagne

Schwarze Fenster, schwarze Tür, ein Schild „Club privé" und eine Klingel. Dahinter ein liebevoll und schräg dekoriertes Wohnzimmer zum Reden, Lachen, Genießen, bei gut interpretierten Cocktails und frischestem Sushi. Ein ewiger Geheimtipp mit bunt gewürfeltem Publikum, das sich angenehm selbst genügt.

Steinstraße 42, Haidhausen,
Tel.: 089/486167,
www.maria-passagne.de,
Öffnungszeiten: Mo–Sa 19–1 Uhr

GAMSBAR

Kunst & Kultur

MÜNCHEN HULDIGT DEN FRAUEN.
IM SÜDLICHEN PAVILLON DES SCHLOSSES
NYMPHENBURG GIBT ES EINES
DER HIGHLIGHTS ZU SEHEN: DIE
SCHÖNHEITENGALERIE. KÖNIG LUDWIG I.
WAR BEKANNT FÜR SEINE LIEBE ZUR
KUNST UND ZU SCHÖNEN FRAUEN.

BESONDERS INSPIRIEREND FÜR mich als Künstlerin ist, dass diese Stadt voller Symbole für weibliche Stärke ist. Man betrachte nur einige der berühmtesten Wahrzeichen: Der *Dom zu Unserer Lieben Frau* – besser bekannt als die *Frauenkirche* – ist der Mutter Maria geweiht. Bayerns Nationaldenkmal, die Bavaria, wacht auf der *Theresienwiese* über ihre Schützlinge. Die *Theatinerkirche* wurde von Prinzessin Henriette Adelheid von Savoyen in Auftrag gegeben – aus Dankbarkeit für die glückliche Geburt des lang ersehnten Thronfolgers. Für seine Frau Maria Amalie ließ Kurfürst Karl Albrecht die *Amalienburg* im *Schlosspark Nymphenburg* errichten. Der silberne Stuck des Interieurs ist eine Referenz an den Mond, der symbolisch in Verbindung mit der Fruchtbarkeit und dem Zyklus der Frau steht.

Im Inneren Südlichen Pavillon des Schlosses Nymphenburg gibt es ein weiteres Highlight der Weiblichkeit: die *Schönheitengalerie*. König Ludwig I. war bekannt für seine Liebe zur Kunst und zu schönen Frauen – und so entstanden, kuratiert von ihm höchstpersönlich, 38 Frauenporträts. Unter den Porträtierten ist natürlich auch die irische Tänzerin und Geliebte des Königs Lola Montez. Sie verdrehte ihm derart den Kopf, dass er sie zur Gräfin Marie von Landsfeld erhob, sein Testament für sie änderte und ihr die bayerische Staatsangehörigkeit verleihen ließ – die ihr allerdings später wieder entzogen wurde.

Wenn es um bildende Kunst und Frauenrechte geht, kann München sich beinahe damit rühmen, dass bereits 1813 die erste Frau in ganz Deutschland an einer staatlichen Kunstakademie, der heutigen *Akademie der Bildenden Künste München*, zum Studium zugelassen wurde: die Künstlerin Marie Ellenrieder. Nur wurde leider das Frauenstudium schon kurz danach wieder aufgehoben und sollte erst 1920/21 wieder eingeführt werden. Was nicht heißt, dass die Münchnerinnen sich mit dieser Beleidigung einfach abgefunden hätten! Vor dem Hintergrund der Frauenfrage und Frauenbewegung entstand 1882 der Künstlerinnen-Verein München, der zum einen mit der „Damenakademie" ein Kunststudium ermöglichte, aber auch ein Ort der kollektiven Interessenvertretung wurde. Eine bekannte Münchner Frauenrechtlerin war die Schriftstellerin Carry Brachvogel. Sie sagte über ihre Geburtsstadt, dass sich ihr Leben ganz und gar nur dort abgespielt habe, „(...) in dieser farbigen, von Kunst überfluteten Stadt, deren Humor voll Anmut ist und die es versteht, Gegensätze lächelnd zu versöhnen."

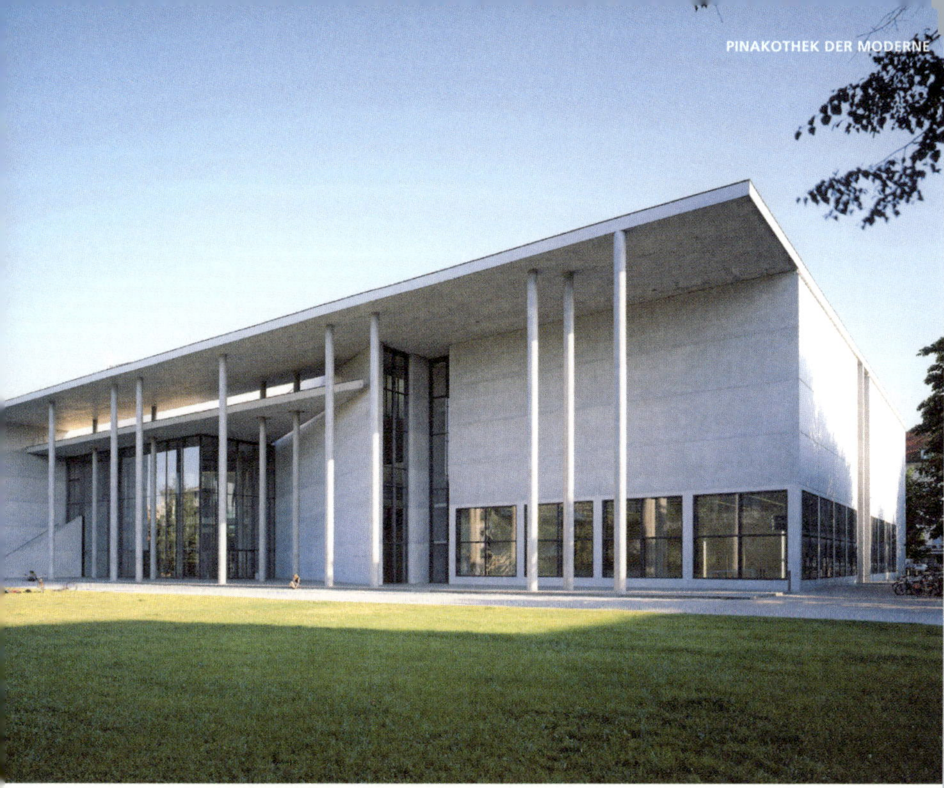
PINAKOTHEK DER MODERNE

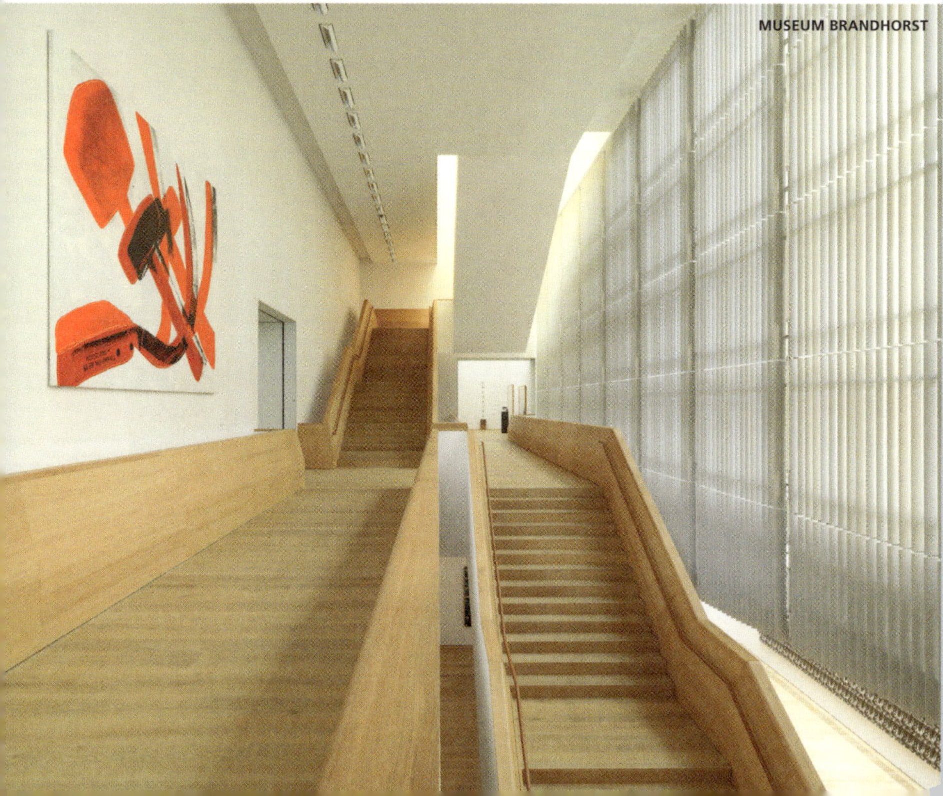
MUSEUM BRANDHORST

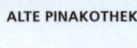

Gegensätzlich und von Kunst überflutet finde auch ich diese Stadt so viele Jahre nach Carry Brachvogel immer noch. Sie verbindet Tradition und Fortschritt, Gemütlichkeit und Wirtschaftlichkeit sowie Hochkultur und Subkultur. Die üppige Museenlandschaft von Weltrang hat für jeden Kunst- und Kulturgeschmack etwas zu bieten. Allein die drei *Pinakotheken* ermöglichen eine Zeitreise durch die Epochen der Kunstgeschichte. In der *Städtischen Galerie im Lenbachhaus* ist die größte und unbedingt sehenswerte Sammlung von Malereien um die Künstlergruppe des „Blauen Reiters" beheimatet. Zu verdanken hat dies München einer großzügigen Schenkung von über 1000 Werken aus dem privaten Fundus der Künstlerin Gabriele Münter, deren Name untrennbar ist vom deutschen Expressionismus.

Liebhaber der zeitgenössischen Kunst sind im *Museum Brandhorst* und der *Sammlung Goetz* an der richtigen Adresse. Zudem lohnt sich natürlich der Besuch der einen oder anderen Galerie, die die *Initiative Münchner Galerien Zeitgenössischer Kunst* auf ihrer Webseite muenchner-galerien.de listet. Doch natürlich gibt es in München nicht nur bereits etablierte Kunst zu sehen! Ein Ausflug auf das Gelände des interdisziplinären *Kreativquartiers* zeigt München von einer ganz anderen Seite: roh, wild und szenig.

— VERONIKA CHRISTINE DRÄXLER

Katja Eichinger

Journalistin und Autorin

Sie sind viel auf Reisen, leben zeitweise auch in Berlin und doch zieht es Sie immer wieder in Ihre Wohnung nach München zurück. Was hat München, was andere Städte nicht haben?

München, das ist für mich Ruhe, Ankommen, Raum für Gedanken. Die Stadt ist übersichtlich, alles funktioniert. Das Wasser trinkbar, die Luft sauber und überall Bäume. In London oder Berlin verzehrt allein die Bewältigung der Stadt einen großen Teil der eigenen Energie. Das ist in München nicht der Fall. Deswegen lässt es sich hier gut und konzentriert arbeiten. Und die Menschen. Münchner Freundschaften sind dauerhaft.

Sie sagen, die Stadt wird gern unterschätzt. Inwiefern?

Auf den ersten Blick wirkt die Stadt sehr konservativ und dörflich. Die Damen, die im Nerzmantel beim Käfer einkaufen, sind für Neuankömmlinge zunächst ein Schock. Mittlerweile mag ich das Barocke der Stadt. Schamlosigkeit gehört zum Münchner Lebensprinzip. Hier gibt es keine Coolness-Polizei. Solange man nicht anstrebt, Mitglied der bürgerlichen Gesellschaft zu werden, lässt einen die Stadt in Ruhe.

Ihr Lieblingsort in München?

Ich liebe das *Lenbachhaus,* da sind viele meiner Lieblingskünstler vertreten, von Kandinsky und Neuer Sachlichkeit bis zu Wolfgang Tillmans und Joseph Beuys.

Ihre Kunst- und Kultur-Highlights in München?

Die *Bayerische Staatsoper* wird immer wieder zum Opernhaus des Jahres gewählt. Überhaupt ist das Kulturangebot für eine kleine Stadt wie München unfasslich gut. Ich weiß nicht, wo es sonst so eine Dichte an großartigen Museen für Gegenwarts- und Moderne Kunst gibt. Das *Filmfest* im Sommer ist umfassend.

*Für welches Münchner Restaurant und Gericht dort würden Sie
selbst vom anderen Ende der Welt immer wieder anreisen?*
Für einen trockenen Wodka Martini im *Schumann's.*

Lenbachhaus – Luisenstraße 33 / *Bayerische Staatsoper* – Max-Josef-Platz 2 /
Filmfest München – s. www.filmfest-muenchen.de / *Schumann's* – Odeonsplatz 6–7

MUSEEN

Hypo Kunsthalle

Die Kunsthalle der Hypo-Kulturstiftung bietet eine angenehme Unterbrechung vom Einkaufsbummel in der Theatinerstraße oder den Fünf Höfen. Zu sehen sind große, meist unbedingt sehenswerte Wechselausstellungen zu wichtigen Namen und ausgewählten Themen.
Theatinerstraße 8, Altstadt,
Tel.: 089/224412, www.hypo-kunsthalle.de,
Öffnungszeiten: täglich 10–20 Uhr

Valentin Karlstadt Musäum

Der Münchnerischste aller Münchner ist und bleibt Karl Valentin. Falls Sie diesen Komiker vom Rang eines Charlie Chaplin oder Buster Keaton noch nicht kennen, gehört der Besuch des Museums, das seit einigen Jahren auch den Namen seiner langjährigen Bühnen- und Lebenspartnerin Liesl Karlstadt trägt, zum Pflichtprogramm.
Im Tal 50, Altstadt,
Tel. Musäum: 089/223266,
Tel. Turmstüberl: 089/293762,
www.valentin-musaeum.de, Öffnungs
zeiten: Mo, Di, Do 11.01–17.29 Uhr,
Fr, Sa 11.01–17.59 Uhr,
So 10.01–17.59 Uhr, Mi geschlossen.
Jeden ersten Freitag im Monat Programm
und Abendöffnung bis 21.59 Uhr.

Villa Stuck

Das Museum, bestehend aus einem Atelier- und Wohntrakt, hat sich der überaus erfolgreiche Maler Franz von Stuck nach eigenen

Plänen um 1900 errichten lassen. Ein Skandal für damalige Zeiten war der blasphemische „Altar der Sünde" mit Stucks bekanntestem Bild als Altarblatt. Heute finden hier sehenswerte Sonderausstellungen mit Kunst des 19. bis 21. Jahrhunderts statt, vor allem auch zum Thema Jugendstil.
Prinzregentenstraße 60, Bogenhausen,
Tel.: 089/4555510, www.villastuck.de,
Öffnungszeiten: Di–So 11–18 Uhr,
erster Freitag im Monat bis 22 Uhr

Haus der Kunst

Das als „Haus der deutschen Kunst" 1937 eröffnete Gebäude ist in seinem massiven Neoklassizismus ein Beispiel für die Architektur des frühen Nationalsozialismus. Heute jedoch gilt es als weltweit renommiertes Zentrum zeitgenössischer Kunst und als wichtige Adresse für große Ausstellungen international bedeutender Künstler.
Prinzregentenstraße 1, Lehel,
Tel.: 089/21127113, www.hausderkunst.de,
Öffnungszeiten: Mo–Mi & Fr–So 10–20 Uhr,
Do 10–22 Uhr

Sammlung Schack

Bedeutendes Museum zur deutschen und insbesondere auch zur Münchner Malerei des 19. Jahrhunderts. Die Ausstellung gründet auf der Privatsammlung des Grafen von Schack und ist damit auch ein einzigartiges Dokument des Sammelns und Förderns von Kunst nach sehr persönlichen Kriterien.
Prinzregentenstraße 9, Lehel,
Tel.: 089/23805224, www.pinakothek.de/
besuch/sammlung-schack, Öffnungszeiten:
Mi–So 10–18 Uhr, jeden 1. und 3. Mi im
Monat bis 20 Uhr

Bayerisches Nationalmuseum

Warum das Bayerische Nationalmuseum nicht an der Spitze der Besucherstatistiken steht, bleibt ein Rätsel. Es ist das Museum schlechthin, eines der ganz großen Häuser,

SAMMLUNG SCHACK

ALTE PINAKOTHEK

das Bildende Kunst und Kulturgeschichte von der Spätantike bis zum Jugendstil vereint. Die Sammlerleidenschaft der Wittelsbacher ging weit über die Grenzen Bayerns hinaus und so wird hier nicht nur regionale, sondern Weltgeschichte vermittelt. Porzellankünstler wie Franz Bustelli mit seinen Figuren aus der Commedia dell'Arte stehen neben großen Meistern der Schnitzkunst wie Tilman Riemenschneider, und der vorweihnachtliche Besuch der großen Krippenausstellung gehört zur guten Gewohnheit Münchner Familien.

Prinzregentenstraße 3, Lehel,
Tel.: 089/2112401,
www.bayerisches-nationalmuseum.de,
Öffnungszeiten: Di–Mi & Fr–So 10–17 Uhr,
Do 10–20 Uhr

Museum Brandhorst

Das Museum Brandhorst bildet seit 2009 den Abschluss des aus den drei Pinakotheken bestehenden Kunstareals. Klassische Avantgarde, europäische und amerikanische Nachkriegskunst (Cy Twombly, Andy Warhol), aber auch aktuelle Kunst bilden die Schwerpunkte dieser auf private Initiative hin entstandenen Sammlung.

Theresienstraße 35, Maxvorstadt,
Tel.: 089/238052286,
www.museum-brandhorst.de, Öffnungs-
zeiten: Di–Mi & Fr–So 10–18 Uhr,
Do bis 20 Uhr

Lenbachhaus

Das Lenbachhaus war der im Stil einer italienischen Villa erbaute Privatwohnsitz des „Künstlerfürsten" Franz von Lenbach, der den Mythos der Kunststadt München entscheidend mitgeprägt hat. Herzstück des Museums ist die einzigartige Bildersammlung der in München entstanden Künstlervereinigung „Der Blaue Reiter" mit Wassily Kandinsky und Franz Marc als federführenden Initiatoren. Gabriele Münter, selbst Künstlerin, hatte die Bilder ihres Gefährten

Kandinsky in ihrer Murnauer Villa aufbewahrt und später der Stadt München vermacht. Das Museumscafé mit Blick auf Propyläen und Königsplatz trägt Gabriele Münter zu Ehren den Namen „Ella", war dies doch der Kosename, mit dem Kandinsky sie rief.

Luisenstraße 33, Maxvorstadt,
Tel.: 089/23332029, www.lenbachhaus.de,
Öffnungszeiten: Di 10–20 Uhr,
Mi–So 10–18 Uhr

Kunstbau

Nahe dem Lenbachhaus liegt der zugehörige Kunstbau, eine sehr eindrucksvolle unterirdische Ausstellungs-Location über dem U-Bahnhof Königsplatz. Große Ausstellungen meist zeitgenössischer Kunst, jeweils passend zu den Schwerpunkten des Stammhauses.

Infos s. Lenbachhaus

Alte Pinakothek

Eine der bedeutendsten Gemäldesammlungen weltweit und das erste Museum seiner Art, von Leo von Klenze unter König Ludwig I. aufs Idealste konzipiert. Hier hängen die großen Alten Meister Europas, nach Ländern geordnet, von den Altdeutschen, allen voran Albrecht Dürer, über die großen Niederländer und Flamen (die größte Rubens-Sammlung der Welt!) sowie die italienischen Meister von Renaissance und Barock bis hin zu französischer und spanischer Kunst.

Barer Straße 27, Maxvorstadt,
Tel.: 089/2380521, www.pinakothek.de/
besuch/alte-pinakothek, Öffnungszeiten:
Di 10–20 Uhr, Mi–So 10–18 Uhr

WEITER AUF SEITE 94 ➔

Alina Birkner

—

Freie Künstlerin

—

Wo in München trifft man die junge Kunstszene?

Auf Ausstellungseröffnungen, zum Beispiel vom *Kunstverein,*
Lothringer 13, super + Centercourt oder *Easy!Upstream.* Und zur
Diplom- und Jahresausstellung in der Kunstakademie.

Ihre liebsten Münchner Kunstorte, die Sie aufsuchen, wenn Sie
neue Ideen, Kraft und Motivation brauchen?

Das *Lenbachhaus* mag ich sehr, gerne auch um dort im Garten zu
sitzen, zu lesen oder Gedanken aufzuschreiben. Im Haus hängt ein
kleiner, feiner Jawlensky. Dieses Bild kann ich immer wieder
betrachten, es berührt und beruhigt mich. Gleich nebenan im
Kunstbau laufen aktuelle Ausstellungen, die wirklich empfehlenswert sind. In der *Pinakothek der Moderne* gibt es eine Installation
von Wolfgang Laib aus Blütenstaub von Kiefern. Sie leuchtet zart
gelb, wie aus einer anderen Welt.

Wo treffen Sie sich gern zum Mittagessen?

Im *Ruffini* oder *Café Cordial* am Elisabethplatz.

Wie verbringen Sie einen freien Tag in München an der
frischen Luft, wenn Ihnen nach Ruhe und Erholung ist?

Im Sommer gerne im Nordteil des Englischen Gartens, dort ist es
schön ruhig und man kann sich im Bach oder in der Isar abkühlen.
Und ich liebe Picknicks! Den *Nymphenburger Schlosspark* mag ich
auch. Als Kind habe ich in der Nähe gewohnt. Im Winter kann
man am Nymphenburger Kanal spazieren oder, wenn er zugefroren
ist, auch Schlittschuh laufen.

Ihre liebsten Ausflugsziele ins Münchner Umland?

Mein Lieblingsort ist der *Walchensee*. Von hier aus kann man
wunderbar wandern und im Sommer im klaren, blaugrünen Wasser
baden gehen. Sehr gerne bin ich auch am *Staffelsee*.

Kunstverein – Galeriestraße 4 / *Lothringer 13* – Lothringer Straße 13 / *super + centercourt* – Adalbertstraße 44 / *Easy!Upstream* – Keplerstraße 16 / *Lenbachhaus* – Luisenstraße 33 / *Kunstbau* – Luisenstraße 33 (in der U-Bahn-Station Königsplatz) / *Pinakothek der Moderne* – Barer Straße 40 / *Ruffini* – Orffstraße 24 / *Café Cordial* – Elisabethstraße 2 / *Nymphenburger Schlosspark* – Neuhausen / *Walchensee* / *Staffelsee*

DAS STADTMUSEUM

Das *Münchner Stadtmuseum* am St.-Jakobs-Platz gibt nicht nur Einblicke in die Geschichte der Stadt, sondern beherbergt die verschiedensten Spezialsammlungen, einige von ihnen von Weltrang, im historischen Zeughaus, dem ältesten Profanbau der Stadt.

Das ebenfalls im Haus befindliche *Filmmuseum* ist allerdings kein Museum, sondern eine Kinemathek mit einem umfangreichen Programm für Filmbegeisterte mit normalerweise jeweils zwei Abendvorstellungen (18.30 und 21 Uhr), täglich von Dienstag bis Sonntag.

Der *Museumsladen* ist zweigeteilt. In der neuen Abteilung bietet *Servus Heimat* Kataloge, Bücher, Postkarten und alle möglichen München- und Bayern-Souvenirs. Daneben steht ein originaler Dultstand mit Raritäten, Altertümern und skurrilen Dingen, die einen neuen Besitzer suchen. Geführt wird dieses Unikum von Paul Eichinger. Vermutlich wird er Sie mit einem kleinen Werbegeschenk gefügig machen, um dann gemeinsam mit Ihnen – in Reimen sprechend und auf Wunsch auch in diversen toten und lebenden Sprachen – einen immer sehr fairen Preis auszuhandeln.

St.-Jakobs-Platz 1, Altstadt, Tel.: 089/23322370,
www.muenchner-stadtmuseum.de, Öffnungszeiten Museum: Di–So 10–18 Uhr

Pinakothek der Moderne
Die Pinakothek der Moderne vereint vier voneinander unabhängige Museen: die Sammlung Moderne Kunst, die Neue Sammlung – die größte Designsammlung der Welt –, das Architekturmuseum der Technischen Universität und die Staatliche Graphische Sammlung.
Barer Straße 40, Maxvorstadt,
Tel.: 089/2727250, www.pinakothek.de,
Öffnungszeiten: täglich 10–18 Uhr
außer Mo, Do bis 20 Uhr

Kallmann-Museum
Ein kleines Juwel in der oberbayerischen Museumslandschaft, idyllisch gelegen im alten Schlosspark von Ismaning (Landkreis München). Der Nachbau einer klassizistischen Orangerie beherbergt das Werk des expressionistischen Malers Hans Jürgen Kallmann (1908–1991), der von den Nazis als „entarteter Künstler" diffamiert wurde. Seit 1992 zeigt das Museum Kallmanns Werke sowie wechselnde Ausstellungen zeitgenössischer Künstler.

Schloßstraße 3b, 85737 Ismaning,
Tel.: 089/9612948,
www.kallmann-museum.de, Öffnungs-
zeiten: Di–So 14.30–17 Uhr
So kommt man hin: Von München aus auf
die A9 Richtung Nürnberg/Flughafen bis
Ausfahrt Richtung Erding/Ismaning.

Schloss Nymphenburg

Für seine berühmte Schönheitengalerie ließ
König Ludwig I. Frauen porträtieren, die
seinem Ideal entsprachen – wobei die Band-
breite von der verworfenen Lola Montez bis
hin zur kreuzbraven Helene Sedlmayr reicht.
Tel.: 089/179080,
www.schloss-nymphenburg.de,
Öffnungszeiten: April bis 15. Oktober:
9–18 Uhr, 16. Oktober bis März:
10–16 Uhr, Amalienburg nur im
Sommerhalbjahr geöffnet. Schlosspark
je nach Jahreszeit bis Einbruch der
Dunkelheit geöffnet.

Galerien & Art Spaces

Stefan Vogdt – Galerie der Moderne

Stefan Vogdt ist definitiv der charismatischste
Galerie-Betreiber Münchens. Seine Galerie
der Moderne führt er mittlerweile mit seiner
Tochter Felicitas. Die beiden stellen hoch-
rangige Werke aus Malerei, Fotografie,
Skulptur und Glaskunst mit Design-Objekten
von Ron Arad, Alvar Aalto, Le Corbusier
und anderen gekonnt in Beziehung – nach
einem Besuch hier hat man nicht nur gute
Laune, sondern ist auch noch voller Inspira-
tion und möchte zu Hause sofort selbst
Möbel und Kunst neu arrangieren.
Bis auf Weiteres noch in der
Kurfürstenstraße 5, Schwabing,
Tel.: 089/2716857, Öffnungszeiten:
Mo–Fr 10.30–18.30 Uhr,
Sa 10.30–15 Uhr und nach Vereinbarung,
aktuelle Informationen zum Standort-
wechsel unter www.galerie-vogdt.de

Kunstverein München

In seinen großzügigen Räumen im Hof-
garten ist der Münchner Kunstverein
nicht nur ein zentraler Ort für die lokale
Kunstszene, sondern durch Ausstellungen,
Vorträge und Symposien auch inter-
national renommiert.
Galeriestraße 4, Altstadt,
Tel.: 089/20001133,
www.kunstverein-muenchen.de,
Öffnungszeiten: Di–So 10–18 Uhr

Espace Louis Vuitton

Angesiedelt in der historischen ehemaligen
Residenzpost, soll der als unabhängiger
Ausstellungsort konzipierte Espace Louis
Vuitton München neue Strömungen in der
zeitgenössischen Kunst erkunden. Sämtli-
che Ausstellungen und Veranstaltungen
sind öffentlich und stehen den Besuchern
unentgeltlich offen.
Maximilianstraße 2a, Altstadt,
Tel.: 089/558938100,
E-Mail: info_espace.de@louisvuitton.com,
Öffnungszeiten: Mo–Fr 12–19 Uhr,
Sa 10–19 Uhr

Lothringer 13

Die vom Kulturreferat München getragene
Lothringer 13 ist eine Institution für junge,
zeitgenössische Kunst in München. Hier
werden junge und etablierte Künstler und
Künstlerinnen ausgestellt und gefördert
sowie lokale Projekte vorgestellt und regelmäßig flirrende Vernissagen, Lesungen oder
Performances dazu veranstaltet. Im zugehörigen Café „Rroom" kann man ausgewählte Bücher und Magazine kaufen oder
auch nur lesen und in aller Ruhe eigenen
Ideen nachhängen.
Lothringer Straße 13, Haidhausen,
Tel.: 089/66607333,
www.lothringer13.com, Öffnungszeiten:
Di–So 11–20 Uhr

WEITER AUF SEITE 98 ➡

Marion Bösker

—

Pressesprecherin und Programm-Mitarbeiterin
im Literaturhaus München

—

Sie sind Stammgast im Camparino, *der kleinen Bar im Vorraum des Schumann's.*
Dort zu verweilen, zu lesen, zu essen oder auch mal nur einen Negroni zu trinken und raus zu schauen – das ist herrlich und gibt mir Ruhe. Ab und zu kommt mal jemand zum Ratschen vorbei – im Idealfall der beste Weinhändler der Stadt, Eberhard Spangenberg von *Garibaldi*, mit dem ich dann noch ein Glas Bolgheri trinke.

Die drei besten Orte zum Lesen in München?
Neben dem *Camparino* ist das *Tabacco* in der Hartmannstraße einer meiner Lieblingsleseplätze, eine wunderschöne Bar mit ausgezeichneter Küche und tollem Team. Und die Bar im *The Charles Hotel*. Ich liebe Hotelbars generell, nirgendwo kann man besser in Gesellschaft allein sein – natürlich immer mit Buch.

Auf Instagram dokumentieren Sie Ihre Lektüre – wie schafft man es, so viel zu lesen?
Ich bin Frühaufsteherin, lese morgens zuhause ein bis zwei Stunden bei einer Kanne Kaffee (Ganz heißer Tipp: Die Kaffeerösterei *gangundgäbe* in der Kapuzinerstraße mahlt den Kaffee perfekt). Außer dem schaue ich fast kein Fernsehen, fahre Bahn statt Auto und lese sogar auf dem Ergometer im Fitnessstudio (natürlich im *Leo's*).

Ein unscheinbarer, aber magischer Münchner Ort?
Auf dem *Alten Nördlichen Friedhof* suche ich jedes Mal wieder eine bestimmte gusseiserne Platte, die in einen der Wege eingelassen ist. Man übersieht sie gern, weil sie aussieht wie ein Gulli – darauf steht aber der wunderschöne Satz: „Mein Geliebter, ach komm, dass ich Dich wiederhabe wie einst im Mai." Im Zentralinstitut für Kunstgeschichte findet man das *Museum für Abgüsse klassischer Bildwerke*, was man von außen nicht vermutet.

Camparino – Odeonsplatz 6-7 / *Garibaldi* – alle Filialen unter garibaldi.de /
Tabacco – Hartmannstraße 8 / *Sophies Bar im The Charles Hotel* – Sophienstraße 28 /
Kaffeerösterei gangundgäbe – Kapuzinerstraße 12 / *Leo's Sports Club* – Leopoldstraße 11 /
Alter Nördlicher Friedhof – Arcisstraße 45 / *Museum für Abgüsse klassischer Bildwerke* –
Katharina-von-Bora-Straße 10

MUSIK

OPER

Für viele ist München in erster Linie Musikstadt, und die Münchner sind als ausgesprochene Opernfreunde bekannt. Richard Wagner und Richard Strauss sind große Namen im Repertoire der *Bayerischen Staatsoper*, die als eines der ersten Häuser weltweit gilt. Überdies hat München drei Symphonieorchester, die alle von weltberühmten Maestros geleitet werden, und wichtige Konzerte finden in der *Philharmonie im Kulturzentrum Gasteig* oder im *Herkulessaal der Residenz* statt. *Bayerische Staatsoper, Max-Joseph-Platz 2, Tel.: 089/218501, www.staatsoper.de; Philharmonie im Kulturzentrum Gasteig, Rosenheimer Str. 5, Tel.: 089/480980, www.gasteig.de;*

THEATER

Die städtischen *Münchner Kammerspiele* und das staatliche *Residenztheater* stehen seit jeher in fröhlicher Konkurrenz zueinander und machen sich gern gegenseitig Publikum und Schauspieler abspenstig. Das hat den schönen Effekt, dass das Niveau an beiden Bühnen dauerhaft hoch bleibt und sie zu Deutschlands ersten Häusern zählen. Theaterfreunde sollten aber auch unbedingt das Programm des Münchner *Volkstheaters* ins Auge fassen. Weitere wichtige Häuser sind das Ende 2017 nach Generalsanierung wiedereröffnete *Gärtnerplatztheater*, sowie das der Theaterakademie August Everding angeschlossene *Prinzregententheater* – ein Juwel des Münchner Jugendstils. Ein besonders liebenswertes Kuriosum ist das Münchner Marionettentheater, das erste nur für Puppenstücke gebaute Theater der Welt (1900). *Münchner Kammerspiele, Maximilianstraße 26, Tel.: 089/23396600, www.muenchner-kammerspiele.de; Residenztheater, Max-Joseph-Platz 1, Tel.: 089/21851940, www.residenztheater.de; Volkstheater, Brienner Straße 50, Tel.: 089/5234655, www.muenchner-volkstheater.de; Gärtnerplatztheater, Gärtnerplatz 3, Tel.: 089/21851960, www.gaertnerplatztheater.de; Prinzregententheater: Prinzregentenplatz 12, Tel.: 089/21851970, www.theaterakademie.de; Marionettentheater: Blumenstraße 32, Tel.: 089/265712, www.muema-theater.de*

FILM

Wer an die Filmstadt München denkt, hat vielleicht zuerst die *Bavaria Studios* in Geiselgasteig im Kopf oder Rainer Werner Fassbinder und vielleicht auch Herbert Achternbusch. Aber es gibt auch – noch, wie man bei dem Kinosterben allerorten sagen muss – einige wenige Kinos, die einem sehenswerten Programm verpflichtet sind: Zu allererst das *Theatiner* in der gleichnamigen, im Stil der 1950er-Jahre gehaltenen Passage in der Altstadt, das hauptsächlich neue Filme aus Frankreich und anderen romanischen Ländern im OmU zeigt. Weitere kleine, feine Adressen sind das *Arena Filmtheater* in der Isarvorstadt, das *Studio Isabella* in Schwabing und das *Filmmuseum* im Münchner Stadtmuseum.

Im Kino des *Bayerischen Hof* kann man nicht nur auf 38 Sofas Filme schauen wie in einer Privatvilla, sondern sich auch stilecht am Platz bedienen lassen. Auch das runderneuerte Traditionskino im *Arri-Haus* setzt jetzt in ganzen drei Sälen auf das Premium-Kino-Feeling mit gemütlichen Sesseln und Bedienung am Platz. Ob im Sommer oder Winter: Im *Autokino Aschheim* kann man sich für einen Abend wie auf einem USA-Roadtrip fühlen. Snacks, Eis und Getränke kauft man im stilechten Diner und gegen kalte Füße im Winter leiht man sich einfach einen Heizlüfter für den Wageninnenraum. Eine echte Kino-Institution in München: Das *Werkstatt-Kino* wurde 1976 gegründet und ist bis heute für sein alternatives, immer hochkarätiges und liebevoll zusammengestelltes Programm und seine leidenschaftliche Führung berühmt. *Bavaria Filmstadt, Bavariafilmplatz 7, 82031 Grünwald, Tel.: 089/64992000, www.filmstadt.de; Theatiner Filmtheater, Theatinerstraße 32, Tel.: 089/223183, www.theatiner-film.de; Arena Filmtheater, Hans-Sachs-Straße 7, Tel.: 089/2603265, www.arena-kino.de; Studio Isabella, Neureutherstraße 29, Tel.: 089/2718844, www.studio-isabella.com; Filmmuseum, Sankt-Jakobs-Platz 1, Tel.: 089/23396450, www.muenchner-stadtmuseum.de/sammlungen/filmmuseum.html; Hotel Bayerischer Hof, Promenadeplatz 2–6, Tel.: 089/2120811, www.astor-cinema-lounge.de; Astor Film Lounge im Arri, Türkenstraße 91, Tel.: 01805/444966, www.muenchen.astor-filmlounge.de; Autokino Aschheim, Münchner Straße 60, 85609 Aschheim, Tel.: 08151/90340, www.autokino-aschheim.de; Werkstattkino, Fraunhoferstraße 9, Tel.: 089/2607250, www.werkstattkino.de*

Jährlich findet – mit Hauptsitz am Gasteig oberhalb der Isar – das *Münchner Filmfest* statt. Auch für die Dokumentarfilm-Fans gibt es mit dem ebenfalls jährlich stattfindenden *DOK.fest* mit Hauptort Filmmuseum ein Ereignis von internationalem Rang. *www.filmfest-muenchen.de, www.dokfest-muenchen.de*

FILMFEST MÜNCHEN

Veronika Christine Dräxler

Freie Künstlerin

Ihre liebsten Kunst-Orte und Künstlerszene-Treffpunkte in der Stadt?

Da ich an der *Akademie der Bildenden Künste* studiert habe, ist das für mich noch immer die erste Adresse. Die Architektur des Neu- und Altbaus bringt mich sofort in eine erhabene Stimmung. Es gibt Kaffee und Kuchen oder ein Essen zu wirklich fairen Preisen im *KantineKiosk* der Akademie. Die Ausstellungen und Rahmenevents wie Künstlergespräche oder Symposien sind auch für Nicht-Studierende offen. Ansonsten gehe ich gerne auf die Eröffnungsabende im *Münchner Kunstverein* im Hofgarten.

Welche Münchner Künstlerinnen aus Vergangenheit und Gegenwart inspirieren Sie?

Sie war zwar nicht gebürtige Münchnerin, aber hat in der Münchner Damenakademie studiert: Gabriele Münter. Ich bin insgesamt ein großer Blaue-Reiter-Fan und sie war eine unglaublich starke Künstlerin. Im Hier und Jetzt macht Susi Gelb richtig gute Arbeiten. Ich mochte „No Such Things Grow Here" sehr, in der sie in München tropische Oasen an Orten wie dem *Lenbachplatz* oder der *Feldherrnhalle* inszenierte.

Beste Läden und Märkte für Kunstbedarf in der Stadt?

Wenn ich in der Fußgängerzone bin, komme ich an einem Laden ganz schlecht vorbei: *Schachinger*. Für mich hat dieser Laden etwas urig Münchnerisches. Gerettet hat mich während des Kunststudiums oft *Suckfüll* in der Türkenstraße, wenn ich spontan Nägel oder Tackernadeln gebraucht habe.

Inspirierendste Spazierroute Münchens fürs Kopf-Freikriegen und auf neue Ideen kommen?

Auf jeden Fall der Englische Garten! Ganz in der Früh trifft man sogar manchmal Rehe.

MÜNCHEN UND DER NATIONALSOZIALISMUS

Dass München sich mit seinen Prachtbauten, großen Boulevards und seinem Erscheinungsbild internationalen Ausmaßes gut für Repräsentationszwecke eignet, haben nicht nur Könige und Künstler erkannt. Spätestens seit die Nationalsozialisten München 1934 als „Hauptstadt der Bewegung" („ihrer Bewegung") ausriefen, begann das wohl dunkelste Kapitel in der Geschichte der bayerischen Hauptstadt. Adolf Hitler lebte bereits seit den 20er-Jahren in München, jetzt aber begann er die Stadt systematisch zum Machtzentrum des Nationalsozialismus auszubauen.

Auch wenn im Krieg vieles zerstört wurde, architektonische Zeugen dieser Zeit finden sich heute noch überall im Stadtbild. Seien es kleine, hakenkreuzförmige Gitter vor den Fenstern des heutigen Landwirtschaftsministeriums oder steinerne, ehemalige Reichsadler an diversen, heute öffentlichen Gebäuden (das größte Exemplar findet sich immer noch am Bayerischen Landesamt für Steuern in der Sophienstraße). Auch das Haus der Kunst, heute international bekanntes und gleichermaßen geschätztes Ausstellungshaus von Weltruhm, wurde seinerzeit als „Haus der Deutschen Kunst" von den Nationalsozialisten errichtet. Selbst die Dekoration und Ausstattung der heute hippen und beliebten „Goldenen Bar" geht auf die Nazizeit zurück.

Besonders die Gegend rund um Königs- und Karolinenplatz in der Maxvorstadt ist voll von geschichtsträchtigen Monumenten und Gebäuden. Wer sich für die dunkle Geschichte Münchens während der NS-Zeit interessiert, dem sei zum Beispiel folgender Spaziergang angeraten: Als Startpunkt bietet sich der vor wenigen Jahren neu gestaltete „Platz der Opfer des Nationalsozialismus" mit seiner immer brennenden Fackel als Symbol des Gedenkens an. Geht man von hier die Brienner Straße in Richtung Karolinenplatz, kommt man an einem Gebäude der heutigen Bayerischen Landesbank vorbei. An dieser Stelle stand bis zu seiner Zerstörung im Jahre 1944 das Wittelsbacher Palais, das ab 1933 vor allem als Gefängnis und Hauptquartier der Gestapo berüchtigt war. Hier waren Hans und Sophie Scholl, zusammen mit anderen Widerstandskämpfern, bis zu ihrer Hinrichtung inhaftiert. Eine Gedenktafel und Ausstellung erzählen von der wechselhaften Geschichte des Gebäudes. Auch die anderen, kleineren, palastähnlichen Villen entlang der Straße waren während der Nazizeit fest in den Händen der Partei und ihrer Funktionäre.

Zwischen Karolinen- und Königsplatz befand sich das Parteizentrum der NSDAP. Dort, wo früher das sogenannte „Braune Haus", die Parteizentrale, stand, befindet sich heute das vor wenigen Jahren neu eröffnete NS-Dokumentationszentrum. Auf mehreren Etagen setzt man sich hier insbesondere mit der Bedeutung Münchens im Dritten Reich auseinander. Das moderne Gebäude, das 2015 aus einem großen Architekturwettbewerb hervorging, lässt durch seine Lage am Originalschauplatz die Geschichte auf einzigartige Weise erfahren und schafft einen informativen Überblick über die Ereignisse in München während dieser dunklen Epoche.

Direkt um die Ecke steht die heutige Hochschule für Musik und Theater, eine der angesehensten Hochschulen Deutschlands. Sie ist im ehemaligen sogenannten „Führerbau" untergebracht, der sich weitgehend noch im Originalzustand befindet. Für Besucher ist das Gebäude nicht ohne weiteres zugänglich, es finden aber häufig öffentliche Konzerte und Veranstaltungen statt. Empfehlenswert ist außerdem ein Besuch im „Museum für Abgüsse klassischer Bildwerke" direkt auf der anderen Straßenseite. Das ehemalige NSDAP-Verwaltungsgebäude umfasst über 1800 Abgüsse klassischer Skulpturen in weitestgehend originalgetreu erhaltener Architektur.

Der Widerstandsbewegung, insbesondere der Weißen Rose, ist am Originalschauplatz, dem Lichthof der Ludwig-Maximilians-Universität an der Ludwigstraße, eine Gedenkstätte mit kleiner Ausstellung gewidmet.

Wer sich noch intensiver mit der nationalsozialistischen Vergangenheit Deutschlands und insbesondere Münchens und Bayerns befassen möchte, dem sei empfohlen, einen Tagesausflug zur Gedenkstätte des Konzentrationslagers Dachau zu unternehmen. Das 1933 als erstes Konzentrationslager der Nationalsozialisten errichtete Lager umfasst heute eine große Ausstellung und die Möglichkeit zur Besichtigung der historischen Stätten. Dachau liegt ca. 20 Kilometer von München entfernt. Man sollte sich für den lehrreichen und interessanten, aber emotional enorm anstrengenden und belastenden Besuch mindestens einen halben Tag Zeit nehmen.

MUSIKHOCHSCHULE

Ingvild Goetz
—
Kunstsammlerin und Kuratorin

Welche sich in München befindenden Kunstwerke legen Sie Ihrem Besuch besonders ans Herz?

In der *Alten Pinakothek* gehört zu meinen Lieblingswerken „Das Goldene Zeitalter", um 1530 von Lucas Cranach d. Ä. gemalt, das eine Gruppe nackter Menschen tanzend in einem Garten zeigt. In der *Pinakothek der Moderne* gibt es eine fantastische Max-Beckmann-Sammlung. Am meisten spricht mich das Bildnis „Quappi in Blau" (1926) an. Es ist eine sehr selbstbewusste Darstellung seiner zweiten Frau Mathilde von Kaulbach. Ein zentrales Werk aus meiner Sammlung ist der liegende Frauenakt von Thomas Schütte „Stahlfrau Nr. 12", der im Garten direkt vor dem Gebäude der *Sammlung Goetz,* einem Frühwerk der Architekten Herzog & de Meuron, steht. Nicht verpassen sollte man die Sammlung aus dem Künstlerkreis „Blauer Reiter" im *Lenbachhaus.* Wer mehr Zeit mitbringt, kann einen Ausflug nach Murnau unternehmen und das Haus besuchen, in dem Gabriele Münter und Wassily Kandinsky zusammen gelebt und gearbeitet haben.

Ihre liebsten Münchner Künstler und Künstlerinnen aus Vergangenheit und Gegenwart?

Den Komiker Karl Valentin kennt fast jeder in München, wegen seiner Bühnenkunst, mich interessiert aber auch sein filmisches Werk. Der Wegbereiter der Konzeptkunst Marcel Duchamp ist zwar kein Münchner Künstler, aber erlebte bei seinem Münchenaufenthalt 1912 seine folgenreiche künstlerische Befreiung. Die Malerin Gabriele Münter legte mit der Schenkung ihrer Sammlung des „Blauen Reiter" den Grundstein für die Städtische Galerie im *Lenbachhaus,* die heute zu den international bedeutenden Museen gehört. An der Schnittstelle von Kunst und Design arbeitet die Modedesignerin Ayzit Bostan.

Wo treffen Sie sich gern mit Künstlerinnen, Künstlern und anderen Freunden und Kollegen aus der Kunstbranche zum Essen?

Mit amerikanischen Künstlern, die gern bayerisch essen wollen, gehen wir in den *Freisinger Hof,* wo es für mich den besten Tafel-spitz von München gibt. Abends gehe ich gern ins *Matsuhisa* im Hotel Mandarin Oriental. Das Ambiente ist wunderschön und die Sashimi sind dort zum Niederknien.

Alte Pinakothek – Barer Straße 27 / *Pinakothek der Moderne* – Barer Straße 40 / *Sammlung Goetz* – Oberföhringer Straße 103 / *Lenbachhaus* – Luisenstraße 33 / *Münter-Haus* – Kottmülleralle 6, 82418 Murnau am Staffelsee / *Ayzit Bostan* – www.ayzitbostan.com / *Freisinger Hof* – Oberföhringer Straße 189-191 / *Matsuhia im Hotel Mandarin Oriental* – Neuturmstraße 1

Beauty & Entspannung

MÜNCHEN LEUCHTET. DIE SACHE
MIT DER STRAHLENDEN HAUT UND
DEM NATÜRLICHEN GLOW, DIE
FUNKTIONIERT IN DER BAYERISCHEN
METROPOLE GANZ BESONDERS GUT.
IN MÜNCHEN REIHT SICH EBEN EINE
ERSTKLASSIGE BEAUTY-ADRESSE
AN DIE NÄCHSTE.

MÜNCHEN LEUCHTET, und das nicht nur, wenn die Abendsonne die Theatinerkirche in goldenes Licht taucht. Die Stadt leuchtet auch immer dann, wenn die Sonne vom föhnblauen Himmel herunter und den Münchnerinnen ins Gesicht scheint. Denn die Sache mit der strahlenden Haut und dem natürlichen Glow, die funktioniert in der bayerischen Metropole ganz besonders gut.

Das mag vielleicht an der gesunden Lebensbalance liegen, zu der die Münchner Gemütlichkeit ihren Teil beiträgt. Oder an all den Isarwegen, Englischer-Garten-Pfaden und Schlossgärten, die zuverlässig zu langen Spaziergängen locken. Die klare Luft, die sich von den Frauentürmen bis zu den Alpen spannt, tut dann noch ihr Übriges zur Schönheit, die sich in dieser Stadt über alles legt.

In München reiht sich allerdings auch eine erstklassige Beauty-Adresse an die nächste. Der wohl klassischste Beautyspaziergang beginnt in der *Parfümerie Brückner* im Rathaus. Schon im 19. Jahrhundert kaufte man hier, beim Königlich Bayerischen Hoflieferanten, Pomaden und edle Düfte, und daran hat sich kaum etwas geändert. Außer, dass sich zu den Klassikern heute auch die neuesten Hype-Marken gesellen: Selbstbräuner von Tan-Luxe, französische Pflege von Nuxe, schwedischer Minimalismus von Verso Skincare oder Budapester Heilwasser-Cremes von Omorovicza. Auch die High-End-Marke *by Terry* der französischen Visagistin Terry de Gunzburg findet man hier und ums Eck bei *Luis Huber,* dem Geheimtipp in Sachen Make-up. Wer sich zu besonderen Anlässen in die beste Version seiner selbst verwandeln möchte, stattet *Luis* in seinem Make-up-Studio in der Falkenturmstraße einen Besuch ab.

Wenige Meter weiter taucht man im *Aiyasha Spa* in die exotischen Treatmentkünste aus Fernost ein oder stattet dem Star-Dermatologen *Dr. Duve* ein Stockwerk höher in seinem Haut- und Laserzentrum einen Besuch ab. Das wohl schönste Day Spa wartet nur eine Straße weiter: Im *Blue Spa* des Bayerischen Hofes lassen sich an sonnigen Tagen unter freiem Himmel und mit Blick auf die Frauentürme Bahnen ziehen und anschließend in der Sauna schwitzen.

Günstiger, aber kaum weniger schön ist ein Spa-Tag im *Müllerschen Volksbad* an der Ludwigsbrücke, in dem man schon seit 1901 unter dem mit Stuck verzierten Tonnengewölbe schwimmt. Dienstags fühlt man sich wie im alten Rom, wenn sich die Besucherinnen der Damensauna im säulengesäumten Abkühlbecken verteilen.

Wenige Meter weiter befindet sich außerdem das Mekka für alle Naturkosmetik-Liebhaber: *Tobs* steht für *The Organic Beauty Store* und versammelt in der Inneren Wiener Straße alle Premium-Organic-Marken, die man sich nur wünschen kann: Die zartschmelzenden Farben von Kjaer Weis, die natürlichen Deo-Cremes von Fine oder die luftdurchlässigen und schadstofffreien Nagellacke von Nailberry.

Um Augenbrauen und Wimpern kümmert sich die *Browery* in Schwabing oder die *Benefit Brow Bar* im Oberpollinger Beautyfloor, der ohnehin keine Wünsche mehr offen lässt. Das Gesamtpaket von Naturkosmetik-Treatments bis zu Blow Dry gibt's in der Schwabinger *Beautery*. Und selbst die amerikanischen Hype-Marken findet man mittlerweile ganz einfach beim Münchner *Sephora*.

Ja, das Strahlen, das Glitzern und den sagenumwobenen Glow zu finden, das macht uns München wirklich ganz besonders leicht. Denn wo so wunderbare Beautyadressen auf die umwerfende Schönheit der Stadt treffen, da kann man schon nach kurzer Zeit gar nicht mehr anders: Man verschmilzt ein bisschen mit dem Leuchten der Stadt und fängt dabei ganz von selbst an zu strahlen.

— MILENA HEISSERER

HOT SPOTS & SHOPPING

Hautnah im Ludwig Beck

Das Münchner Traditionskaufhaus ver-
wöhnt Beauty-Spürnasen, die auf der
Suche nach ausgefallenen Produkten sind.
„Hautnah" ist spezialisiert auf Luxus-
marken und Nischenprodukte, die es nicht
an jeder Ecke gibt.
Marienplatz 11, Altstadt,
Tel.: 089/23691901, Öffnungszeiten:
Mo–Sa 10–20 Uhr; Theatinerstraße 14,
Fünf Höfe, Altstadt, Tel.: 089/20604280,
Öffnungszeiten: Mo–Fr 10–19 Uhr,
Sa 10–20 Uhr, www.ludwigbeck.de

PARFÜMERIE BRÜCKNER

Organic Luxury

Für ihr einzigartiges Sortiment an luxuriöser
Naturkosmetik reist Inhaberin Kornelia Rose
um die ganze Welt. Ihre Mitbringsel? Eine
feine Auswahl an organischen Pflegeprodu-
kten von Marken wie Susanne Kaufmann,
The Organic Pharmacy und Julisis, die man
im angeschlossenen Day Spa auch ausprobieren kann. Daneben bietet der liebevoll
eingerichtete Laden in der Theatinerpassage edle Düfte, Make-up, Duftkerzen,
Raumsprays und hübsche Accessoires an.
Residenzstraße 23, Theatinerpassage,
Altstadt, Tel.: 089/9828384,
www.organicluxury.de, Öffnungszeiten:
Mo–Fr 10–19 Uhr, Sa 10–18 Uhr

Parfümerie Brückner-Bublitz

Mit Rosenwasser, Pomaden und Colognes
begann die märchenhafte Geschichte der
Traditionsparfümerie im Rathaus. Seit
1903 gibt es das Geschäft in der Weinstraße, das einst Hoflieferant des bayerischen Königshauses war. Und auch heute
noch gilt Brückner-Bublitz als eine der
besten Adressen für kostbare Boutique-
Parfums und Pflegeprodukte.
Weinstraße / Marienplatz 8, Altstadt,
Tel.: 089/223874,
www.parfuemerie-bruckner.com,
Öffnungszeiten: Mo–Fr 10–19 Uhr,
Sa 10–18 Uhr

Parfums Uniques

Zuckerwatte und Rauch, Stein und Regen –
in der Parfümerie von Eva Bogner im
Gärtnerplatzviertel duftet es großartig,
ungewöhnlich, bezaubernd. Das Interieur
gleicht einer Galerie. Wer bisher nicht den
passenden Duft für seinen Charakter gefunden hat, wird es hier tun.
Klenzestraße 22, Gärtnerplatzviertel,
Tel.: 089/21113230,
www.parfums-uniques.de,
Öffnungszeiten: Di–Fr 12–19 Uhr,
Sa 10–19 Uhr

Oberpollinger

Wenn für Kids der Spielzeugladen das
Paradies ist, ist es für Beauty-Fans die
Parfum- und Kosmetikabteilung von Ober-
pollinger. Im Erdgeschoss vereint das
Traditionskaufhaus alles, was schön macht.
Neuhauser Straße 18, Altstadt,
Tel.: 089/290230, www.oberpollinger.de,
Öffnungszeiten: Mo 10–16 Uhr,
Mi–Sa 10–20 Uhr

Luis Huber

Es könnte sich auch um die Garderobe
einer alten Hollywood-Diva handeln –
so viel Retro-Charme versprüht das Make-

up-Studio von Luis Huber. Kein Wunder: Schließlich hat der Visagist auch schon echte Stars wie Jodie Foster und Demi Moore in Szene gesetzt. In seinem Studio kann man in Make-up-Beratungen lernen, sich perfekt zu schminken, oder man lässt für ein außergewöhnliches Tages-, Abend- oder Foto-Make-up gleich den Profi an die Haut.

Falkenturmstraße 14, Altstadt, Tel.: 089/41871163, www.luishuber.com, Öffnungszeiten: Mo–Fr 10–19 Uhr, Sa 10–14 Uhr oder nach Vereinbarung

Natural Organic Cosmetic

In dem Kosmetikstudio mitten im Gärtnerplatzviertel werden für die Hautpflege ausschließlich natürliche und vegane Wirkstoffe verwendet. Die Produkte gibt es auch gleich vor Ort zu kaufen. Neben klassischen Kosmetikbehandlungen bietet das Studio auch eine nadelfreie Mesotherapie für Gesicht und Körper ebenso wie Shellac-Maniküre und Augenbrauenzupfen mit Fadentechnik.

Fraunhoferstraße 39 (Eingang Reichenbachstraße), Isarvorstadt, Tel.: 089/22843989, www.natural-organic-cosmetic.de, Termine per E-Mail: termine@natural-organic-cosmetic.de, Öffnungszeiten: Di, Mi, Fr 8–19 Uhr, Do 8–18 Uhr, Sa 11–17 Uhr

Beautery

Evi Weidel bietet Gesichtsbehandlungen ebenso an wie Wimpernfärben, Maniküre, Pediküre und Braut-Make-up. Wichtig sind der Kosmetikerin verträgliche Inhaltsstoffe, sie behandelt ihre Kundinnen mit Produkten von Susanne Kaufmann und dem Münchner Lacklabel OZN Vegan.

Römerstraße 14, Schwabing, Tel.: 089/12255108, www.beautery-munich.com, Öffnungszeiten: Di 10–15.30 Uhr, Mi–Fr 10–18 Uhr, Sa 10–15 Uhr, Termine nach Vereinbarung

Tobs – Organic Beauty Store

Top!

Bei Tobs dreht sich alles um Naturkosmetik. In dem geschmackvoll-schlichten Laden gibt es Produkte für die Gesichts-, Körper-, und Haarpflege, aber auch Make-up von den unterschiedlichsten Firmen. Kompetente und freundliche Beratung ist hier immer inklusive. Wer mag, bleibt gleich da und gönnt sich im hinteren Bereich des Geschäfts eine Gesichtsbehandlung oder eine Haarentfernung mit Zuckerpaste.

Innere Wiener Straße 55, Haidhausen, Tel.: 089/23762760, www.tobs-beauty.com, Öffnungszeiten: Mo–Fr 10–19 Uhr, Sa 10–18 Uhr

WEITER AUF SEITE 116 →

TOBS – ORGANIC BEAUTY STORE

Aline Werr

—

Unternehmerin und Gründerin des
Naturkosmetik-Labels I WANT YOU NAKED

—

*Inwiefern ist München ein guter Ort, um Naturkosmetik
herzustellen und sich für nachhaltigere Körperpflege stark
zu machen?*
Wir haben die Berge, Seen, Wälder und Wiesen direkt vor der
Haustür. Eine Natur, die Bayern einzigartig macht. Und gleichzeitig in München Menschen, die Qualität wertschätzen. München
ist also ein guter Standort für uns.

*Sie haben den ganzen Tag mit Düften, Ölen und Aromen zu
tun – wie riecht München für Sie?*
München riecht frisch. Und sauber. Mal nach saftigen Wiesen wie
im Englischen Garten, mal nach frischem Wasser wie in den
Isarauen. Und manchmal auch nach Malz – wenn man an den
Brauereien vorbeikommt.

*Ihre liebsten Orte in München oder im näheren Umkreis der
Stadt, um mal so richtig abzuschalten?*
Einfach mal in die Wiese legen im ruhigen, nördlicheren Teil des
Englischen Gartens, wohin ohin sich nur wenige Jogger und Spazier-
gänger verlaufen. Oder Energie tanken mitten auf dem quirligen
Viktualienmarkt. Zweimal im Jahr ist die *Alte Wiede-Fabrik* am
Stadtrand in Johanneskirchen mein absoluter Inspirationsort: wenn
in der Künstlerkolonie die Ateliers für ein Wochenende zum
Schauen und Feiern geöffnet werden. Ein Muss.

Wo treffen Sie sich gern zum Business-Lunch?
Gerne etwas unkonventioneller im Feinkostladen *Casa Italiana* in
der Nähe des Viktualienmarkts. Zwischen den Lebensmittelregalen
kann man an Bistro-Tischen großartig italienisch essen.

Und wie belohnen Sie sich nach einem erfolgreichen Arbeitstag?
Im Sommer mit einem Radler bei der *Minna Thiel*, einem alten
Bahn-Waggon vor der Filmhochschule, gegenüber der Alten
Pinakothek. Oder im kleinen *Biergarten am Feringasee.* Im Winter
ist es in der Bar des *Hotels Lux* wunderschön. Nicht nur Ambiente
und Getränke sind toll – auch die kleine feine Speisekarte ist
empfehlenswert.

Alte Wiede-Fabrik – Rambaldistraße 27 / *Casa Italiana* – Westenriederstraße 10 /
Minna Thiel – Gabelsbergerstraße 33 / *Biergarten Feringasee* – Am Feringasee 1 /
Hotel Lux – Ledererstraße 13

Königstöchter

Im Schönheitszentrum Königstöchter von Yasemin Kavuk wird so ziemlich alles angeboten, was Frauen noch schöner macht: Permanent Make-up, Microblading, Laser-Haarentfernung, Fruchtsäure-Peeling und vieles mehr. Besonders empfehlenswert: die klassischen Gesichtsbehandlungen von der Inhaberin selbst.

Fraunhoferstraße 3, Isarvorstadt, Tel.: 089/23000250, www.koenigstoechter.de, Öffnungszeiten: Mo–Fr 9–19 Uhr, Sa 9–16 Uhr

Day Spas & Massagen

Kempinski The Spa im Hotel Vier Jahreszeiten

Auf dem Wechsel der Jahreszeiten basieren die Massagen, Gesichts- und Körperbehandlungen, die man auch als Nicht-Gast im Spa des legendären Grandhotels genießen kann. Zur Wellnessabteilung gehören der Sauna-, Fitness- und Poolbereich. Wunderschön: der Ausblick aus dem sechsten Stock auf die Frauenkirche und die Maximilianstraße.

Maximilianstraße 17, Altstadt, Tel.: 089/21252155, www.kempinski.com, Reservierung per E-Mail an: spa.vierjahreszeiten@ kempinski.com, Öffnungszeiten: täglich 6.30–22.30 Uhr

Spa im The Charles Hotel

Direkt am Alten Botanischen Garten gelegen, lädt das Spa des Charles Hotel zu einem erholsamen Kurzurlaub ein. Angeboten werden neben exotischen Körper-Treatments und Gesichtsbehandlungen mit Sisley-Produkten auch verschiedene Massagen aus der ganzen Welt. Tipp: das Spray Tanning für Gesicht, Hals und Dekolleté oder Ganzkörper! In nur einer halben Stunde verwandelt der Selbstbräuner, der per Airbrush-Spray auf die Haut aufgetragen wird, winterblasse Haut in einen strahlenden Sommerteint.

Sophienstraße 28, Altstadt, Tel.: 089/5445551160, www.charleshotel.de, Öffnungszeiten: täglich 6.30–22 Uhr

AMOUR FOU

BLUE SPA IM HOTEL BAYERISCHER HOF

Blue Spa
im Hotel Bayerischer Hof

Auch das Spa des Bayerischen Hofs thront über den Dächern Münchens. In edlem Ambiente können Tagesbesucher den Wellnessbereich mit Biosauna, finnischer Sauna und Aromadampfbad sowie den Poolbereich mit der herrlichen Außenterrasse nutzen. Toll: Bei schönem Wetter wird das Glasdach über dem Pool geöffnet! Unbedingt ausprobieren: eine Ayurveda-Behandlung, die Hot-Stone-Massage oder die luxuriösen Facials.

Promenadeplatz 2–5, Altstadt,
Tel.: 089/2120875, www.bayerischerhof.de,
Öffnungszeiten: täglich 8–22.30 Uhr,
Massagen und Behandlungen nach
Vereinbarung.

Amour Fou

Am liebsten würde man die Gesichtsmaske aufessen, so köstlich duftet sie. Kein Wunder, schließlich werden bei der St-Barth-Freshness-Behandlung frische Ananas und Papayas verwendet. Und die sorgen für einen strahlend glatten Teint. Im hübschen Day Spa mit angeschlossener Parfümerie und Friseur verwöhnt Ulla Huprich ihre Kundinnen mit luxuriösen Treatments. Toll: die riesige Auswahl an Schönmachern der Florentiner Klosterapotheke Santa Maria Novella.

Neuturmstraße 1, Altstadt,
Tel.: 089/23236997,
www.amourfou-munich.com,
Öffnungszeiten: Mo–Sa 8.30–20 Uhr,
So 10–18 Uhr

Sport

Leo's Sports Club

Das Fitnessstudio der Schwabinger Hautevolee mit hauseigenem Nike-Store. Sehen und gesehen werden – und wie von Zauberhand nebenbei auch noch fit werden.

Leopoldstraße 11, Schwabing,
Tel.: 089/38389999, www.leos.tv,
Öffnungszeiten: Mo–Fr 6.30–23 Uhr,
Sa, So & an Feiertagen 8–22 Uhr

WEITER AUF SEITE 120 ➜

Evi Weidel

—

Kosmetikerin und Inhaberin der beautery Munich

Wie bleibt die Münchnerin gesund, fit und schön?
Natürlich mit sehr viel Schlaf, einer Menge Wasser, ausgiebigen Spaziergängen im Englischen Garten und ganz wichtig: einem Besuch bei mir in der beautery Munich.

Ihre ganz persönlichen magischen Orte in München?
Der *Hofgarten!* Sobald man ihn betritt, steht man in einer anderen Welt. Definitiv ein Ort, den man gesehen haben muss. Man sollte sich die Zeit nehmen, um ihn auf einer Parkbank sitzend so richtig zu genießen.

Wo treffen Sie sich mit Freundinnen für eine Ladies Night Out?
Am liebsten im *Theresa Grill*, bei einem guten Glas Wein und leckerem Essen. Das Beste: Danach geht es nur eine Tür weiter in die *Theresa Bar* für ein paar köstliche Cocktails. Dort kann man es sich auf den dicken Samtsofas bequem machen.

Und was hilft gegen den Kater am nächsten Tag?
Ein Glas heißes Ingwerwasser und zwei Eier im Glas aus dem *Tagescafé Schwabing*. Für einen zusätzlichen Vitaminschub gibt es noch einen frisch gepressten Saft to go!

Die Suche nach dem idealen Friseur ist ja fast so schwer wie die Suche nach dem idealen Partner. Wer darf Ihnen die Haare schneiden?
Ich gehe nur zu *Clarissa Held*. Keiner färbt und schneidet so natürlich wie sie.

Hofgarten – Hofgartenstraße 1 / *Theresa Grill* – Theresienstraße 29 / *Theresa Bar* – Theresienstraße 31 / *Tagescafé Schwabing* – Hohenzollernstraße 41 / *Clarissa Held Friseure* – Elisabethstraße 21

Barre-Fusion im Studio 12

Damit man für den Körper einer Prima-
ballerina nicht mehr täglich stundenlang
trainieren muss, haben der Dermatologe
Dr. Duve zusammen mit der Pilates-
und Yogaexpertin Tanja Krodel ein
spezielles Ganzkörpertraining an der
Ballettstange entwickelt. Dabei werden
Elemente aus Ballett, Pilates und Yoga
mit Gewichtstraining kombiniert. Und
wirklich: Wer fleißig bei der Stange bleibt
(zwei Trainingseinheiten pro Woche
reichen), kann sich schon nach vier Wochen
über straffere Beine und Arme und
natürlich einen knackigen Po freuen.
Possartstraße 12, Bogenhausen,
Tel.: 089/47078754,
www.studio12-munich.com

Eisbachfit

Hochintensives Zirkeltraining im Englischen
Garten – nicht wenige lernen sich hier
selbst neu kennen, weil ihnen Sport
plötzlich Spaß macht. Unbedingt
ausprobieren.
Alle Informationen zu Terminen und
Anmeldung unter www.eisbachfit.com

Gym Yilmaz

Schicke Duschen? Sauna? Fehlanzeige. Im
privaten Gym von Tim Yilmaz gibt es
keinen Schnickschnack, sondern Fitness
pur. Angeboten wird Gruppentraining für
drei bis sechs Personen oder exklusive
Einzelbetreuung. Tough: das Boxtraining
für Frauen! Hier bringt Tim mit Zirkeltraining und Box-Workout nicht nur Herzen
zum Schmelzen, sondern auch Muskeln
zum Brennen.
Kohlstraße 3, Tel.: 0152-28817957,
www.gymyilmaz.com,
E-Mail: mail@gymyilmaz.com

Jivamukti Yoga

Fast schon eine Pilgerstätte: Jivamukti zählt
mit seinen zwei Niederlassungen zu den
beliebtesten Yogastudios Münchens. Der
Grund: Hier kann man Glücksgefühle tan-
ken. Und das liegt an den entspannenden,
aber auch fordernden Yogastunden, die
Hatha- mit Vinyasa-Übungen verbinden.
Dazu laufen die Lieblingssongs der Lehrer.
Fantastisch!
Studios in der Isarvorstadt: Buttermelcher-
straße 11-15, Hinterhof,
Tel.: 089/45226522;
Studio in Haidhausen: Wörthstraße 9,
Hinterhof, Tel.: 089/55274191,
www.jivamuktiyoga.de

BARRE-FUSION IM STUDIO 12

JOGGINGSTRECKEN

Isar

Zwischen Maximiliansanlagen und Flaucher, immer an der Isar entlang, verläuft eine der schönsten Joggingstrecken Münchens. Am Maximilianeum vorbei, über die kleinen Holzbrücken und bis nach Thalkirchen – hier laufen gestylte Szenegirls genauso wie toughe Barfußfetischisten und ganze Familien. Tipp: Zwischen Wittelsbacherbrücke und Brudermühlstraße gibt es eine wirklich schöne Trimm-Dich-Anlage mit Geräten für Krafttraining, Koordination und Geschicklichkeit – ein Spielplatz für Erwachsene.

Schlosspark Nymphenburg

Am Nymphenburger Kanal flanierten einst die bayerischen Prinzessinnen, heute erstreckt sich dort eine wunderschöne Laufstrecke für fitnessbewusste Großstadtamazonen.

Luitpoldpark

Für alle, die dem Trubel des Englischen Gartens entfliehen wollen: Inmitten von unzähligen Eichen und Linden läuft man durch den schönen Luitpoldpark, begleitet von fröhlichem Vogelgezwitscher. Nach erfolgreicher Besteigung des Schuttberges wird man mit einem fantastischen Ausblick auf München belohnt.

Friseure

Clarissa Held Friseure

Die Maxime von Clarissa Held: Natürlichkeit gepaart mit Nachhaltigkeit. Perfekte Schnitte, hochwertige Farben, individuelle Beratung – hier wird jedes Frisurproblem gelöst und jeder Wunsch erfüllt.
Elisabethstraße 21, Schwabing, Tel.: 089/27273210, www.clarissaheld.de, Öffnungszeiten Di–Fr 9–20 Uhr, Sa 9–18 Uhr

Jasmin Kohlmayer

Im Westend verwandeln Friseurmeisterin Jasmin Kohlmayer und ihr Team Haare in echte Traummähnen. Vor allem, wer eine Adresse für perfekte Kurzhaarschnitte sucht, ist hier richtig. Tipp: Zur Wiesn-Zeit bekommt man hier unglaublich schöne Trachtenfrisuren passend zum Dirndl gesteckt oder geflochten.
Schießstättstraße 18, Westend, Tel.: 089/5021540, www.jasminkohlmayer.de, Öffnungszeiten: Mo 10–19 Uhr, Di–Fr 9–20 Uhr, Sa 10–16 Uhr

Cyrill Zen Haute Coiffure

In seinen Händen lagen schon die Köpfe von Models wie Claudia Schiffer und Linda Evangelista. Schließlich arbeitete Cyrill Zenhäusern jahrelang in Paris als Hair- und Make-up-Artist für Magazine wie Vogue, ELLE und Harper's Bazaar. Glück für uns, dass er die Seine gegen die Isar eingetauscht hat, denn mit seinem Know-how verwandelt er jetzt die Köpfe seiner Kunden im Glockenbachviertel.
Hans-Sachs-Straße 10, Isarvorstadt, Tel.: 089/2607067, www.cyrillzen.de, Öffnungszeiten: Mo 13–18 Uhr, Di–Fr 9–18 Uhr, Sa 9–16 Uhr

Fabien K Coiffeur

Hier sitzt alles haargenau: Berühmt ist Fabien K als Föhn-Gott Münchens und natürlich für seine perfekten Schnitte, die er seinen Kundinnen individuell anpasst. Wer genug Zeit mitbringt, sollte noch einen Termin im unterirdischen Day Spa für eines der fantastischen Treatments mit Aveda-Produkten vereinbaren.
Rumfordstraße 3, Isarvorstadt, Tel.: 089/45230820, www.fabienk.com, Öffnungszeiten: Di, Mi, Fr 9–19 Uhr, Do 9–21 Uhr, Sa 9–17 Uhr

FABIEN K COIFFEUR

FABIEN K COIFFEUR

Nina Skarabela

—

Grafikdesignerin und
Gründerin von OZN Nagellack

—

Wie würden Sie das Münchner Lebensgefühl beschreiben?
Ich pendle ja zwischen München und Berlin. In Berlin hat man
immer Angst, etwas zu verpassen. In München nicht. Ich empfinde
die Münchner auch als verbindlicher und zuverlässiger. Die jungen
Münchner sind traditionsbewusst und haben eine enge Bindung zu
ihrer Stadt. Jeder kennt hier jeden und es geht alles in allem recht
beschaulich zu.

*Sie sind als Unternehmerin, Psychotherapeutin und Grafik-
designerin ziemlich busy – was unternehmen Sie, um mal
richtig auszuspannen?*
Ich treffe mich gern in der Stadt mit Freundinnen oder mit
Bloggerinnen zum Lunch, zum Beispiel im *Neni im 25hours Hotel*
oder im *Ella* im Lenbachhaus. Das gibt mir neue Inspiration und
Energie für meine Jobs.

Ihr ganz persönliches Stadt-Ritual?
Vor der Residenz stehen vier Löwen aus Bronze, deren Nasen
golden glänzen, weil es Glück bringt, diese anzufassen. Da muss ich
immer vorbeigehen, um mir etwas Glück abholen.

Bester Ort der Stadt für ein romantisches Dinner?
Das *Chez Fritz*, eine französische Brasserie mit nostalgischem
1930er-Flair. Ich lebe ja zu 95 % vegan, aber ich bin süchtig nach
der Bouillabaisse. Gerade neu entdeckt haben wir das *Kansha*, ein
veganes Sushi-Restaurant, inspiriert von der buddhistischen
Tempelküche Japans. Das Essen dort ist unglaublich.

Ihr München-Geheimtipp?
Der *Capricorn Store* in der Reichenbachstraße. Dort findet man
exklusive Second-Hand-Teile von Gucci über Céline gemischt mit

neuen Teilen und ausgefallenen Accessoires. Man würde niemals auf die Idee kommen, dass auch nur ein einziges Teil schon mal getragen wurde, weil die Besitzerin Stephanie bei der Auswahl so ein feines Händchen beweist.

Neni im 25hours Hotel – Bahnhofplatz 1 / *Ella* – Luisenstraße 33 / *Chez Fritz* – Preysingstraße 20 / *Kansha* – Occamstraße 6 / *Capricorn Store* – Reichenbachstraße 30

Nachtleben & Musik

WIR EMPFEHLEN EIN HEITERES
HIN UND HER ZWISCHEN MÜNCHENS
SCHICKERIA UND IHREM UNDERGROUND.
DENN MÜNCHEN KANN BEIDES UND
KONNTE DAS SCHON IMMER.

OKAY, ALLES KLAR, München ist nicht die wildeste Stadt Deutschlands. Aber sie ist großartig bei Nacht, wenn man weiß, wie man sich in ihr bewegt. Die Szenen, die Clubs und Bars sind gerne mal sehr klein und versteckt und müssen erobert werden. Ich empfehle ein heiteres Hin und Her zwischen Münchens Schickeria und ihrem Underground. Denn München kann beides und konnte das schon immer.

Wir denken an den Hedonismus der 1980er Jahre: Gästelisten, Türsteher, die große Lust am „In ist, wer drin ist". Das *P1,* der vergangene Glanz des amerikanischen Offizierskasinos nach dem zweiten Weltkrieg in der Prinzregentenstraße 1. In den 1970er Jahren wurden in den *Musicland Studios* von Giorgio Moroder einige legendäre Platten produziert, von ebenso legendären Bands: Rolling Stones, Led Zeppelin und Queen kamen regelmäßig nach München.

Aber auf ins Hier und Jetzt: Livemusik ist weiterhin wichtig in München, in einigen Clubs und Bars bekommt man eine liebevolle Auswahl von internationalen Bands geboten, die in deutschen Städten ihresgleichen sucht. Der *Milla Club* in München ist da die erste Adresse. Für ganz kleine Gigs in intimer Atmosphäre empfiehlt sich ein Besuch im *cucurucu* in der Nähe des Hauptbahnhofs. Und wer ein paar Tage länger in München bleibt und auch mal die äußeren Ränder der Innenstadt erkunden will, dem sei das *Kafe Kult* ans Herz gelegt – ein links-autonomer Ort für Punk, Hardcore und allerlei experimentelle Rockmusik.

Ja, richtig gelesen, München bei Nacht kann durchaus politisch sein. Diesen Auftrag erfüllt vor allem das *Bellevue di Monaco.* Ein sehr vielseitiger Ort mitten in München, der sowohl Wohnraum für Geflüchtete bietet, als auch ein Café beherbergt, in dem man sehr gut essen, entspannt ein Glas Wein genießen oder einen der zahlreichen Vorträge, Lesungen, Konzerte und Performances miterleben kann. Nachtleben und Diskurs vereint auch die *Favorit Bar* – eine kleine, höchst charmante Bar in der Münchner Innenstadt, die regelmäßig Diskussionsveranstaltungen und Lesungen ausrichtet und sich dabei nicht selten um das Münchner Nachtleben selbst dreht.

Die heterogensten und offensten Partys aber veranstaltet das *Tam Tam Kollektiv.* Sie wechseln zwischen verschiedensten Spielorten wie den *Münchner Kammerspielen* oder dem *Import Export* auf dem Gelände des Kreativ-Quartiers an der Dachauerstraße – das übrigens

auch am Tag immer einen Besuch wert ist. Es wird ganz klassisch getrunken, getanzt und sich verloren.

Wenn der Abend eher gediegen enden oder beginnen soll, ist die beste Adresse die *Bar Gabányi.* Ein wunderbar lässig-schicker Ort, im Sommer mit kleinem Garten, der bis spät in die Nacht geöffnet ist, was in München eine Seltenheit ist. Im Winter mit offenem Kamin. Ich empfehle den teuersten Drink auf der Karte, den Prince of Wales, serviert im eisgekühlten Silberkelch.

Wer gerne die Nacht durchtanzt, kann so ab zwei Uhr morgens das *Blitz* ausprobieren, das Ambiente ist schön clean und der Sound fast perfekt. Die andere Möglichkeit ist der Traditionsladen *Rote Sonne* – ein fantastischer Ort, den der Underground nie verloren hat. Der beste Ort für den ersten Kaffee ist dann ohne Zweifel die *Alte Utting:* Ein Schiff auf einer Eisenbahnbrücke mit einem wundervollen Blick über München Sendling. — MIRA MANN

BARS

Favorit Bar
Gute elektronische oder Indie-Musik, eine unaufgeräumte Atmosphäre und frisch gezapftes Bier sprechen klar für die „Favo". *Damenstiftstraße 12, Altstadt, Öffnungszeiten: So–Do 21–2 Uhr, Fr & Sa 22–3 Uhr*

Café Kosmos
Satellit für Szenegänger und Studenten im Hauptbahnhofviertel. Neben preiswertem Bier gibt es eine außerordentliche Auswahl an Gin. Oft überfüllt – mit netten Leuten. *Dachauer Straße 7, Maxvorstadt, Tel.: 089/55295867, www.cafe-kosmos.de, Öffnungszeiten: Mo–Fr 12–1 Uhr, Sa & So 14–3 Uhr*

Johanniscafé
Sehr spezielle „Spelunke" mit alpiner Fototapete, Jukebox und Inneneinrichtung aus den 50er Jahren. Das bunte Publikum bewegt sich zwischen ironischen Hipstern, routinierten Nachbarn, umtriebigen Kreativen und konservativen Burschenschaftlern. Dazwischen navigiert Wirt Olaf Schmidt mit Wiener Würstchen und Bier, Kaffee und Kuchen. *Johannisplatz 15, Haidhausen, Tel.: 089/4801240, Öffnungszeiten: So, Mo, Mi 11 Uhr bis open end, Do– Sa 11 Uhr bis open end, Di Ruhetag*

Robinson Kuhlmann Bar
Die mit dem Beinamen „New York Bar" betitelte Location am Gärtnerplatz ist die Bahnhofskneipe der hippen Nachtreisenden. Wenngleich der Titel in die Irre führt, das schwarze Loch avancierte sofort zum Dreh- und Angelpunkt der Münchner Szene. *Corneliusstraße 14, Isarvorstadt, www.robinsonkuhlmann.com/bar2,*

Öffnungszeiten: So–Mi 19–3 Uhr, Do 19–4 Uhr, Fr & Sa 19–5 Uhr

Flushing Meadows
Ganz oben im Flushing Meadows Hotel befindet sich eine schicke, kleine Bar mit Rooftopblick über ganz München. *Fraunhoferstraße 32, Isarvorstadt, Tel.: 089/552791727, www.flushingmeadowshotel.com/bar, Öffnungszeiten: täglich von 7–2 Uhr, Terrasse bis 22 Uhr*

Loretta Bar
Gemütlich und ohne viel Schnickschnack: Die Loretta Bar in der nachts lebendigen Müllerstraße bietet in lässiger Atmosphäre tolle Drinks und Snacks. *Müllerstraße 50, Isarvorstadt, Tel.: 089/23077370, www.loretta-bar.de, Öffnungszeiten: Mo–Do 9–1 Uhr, Fr 8–3 Uhr, Sa 9–3 Uhr, So 10–19 Uhr*

Goldene Bar
Besonders schön ist es im Sommer auf der dem Englischen Garten zugewandten Terrasse. Sonntags wird hier der Sundowner mit DJ und Grill zur Zeremonie. *Prinzregentenstraße 1, Lehel, Tel.: 089/54804777, www.goldenebar.de, Öffnungszeiten: Mo 10–18 Uhr, Di–Sa 10–2 Uhr, So 10–20 Uhr*

GOLDENE BAR

GIORGIO MORODER

Für Fans zählt Giorgio Moroder ebenso zu den Stadtheiligen wie Monaco Franze oder Karl Valentin. Als der Südtiroler die Musical-Sängerin Donna Summer mit „Love to Love You, Baby" in seinem Studio zum Stöhnen brachte, kam es zum internationalen Durchbruch seines energetischen Discosounds (1976). Später zog es Moroder mit seinen Synthesizern aus dem wüsten Arabellapark nach Los Angeles, wo er für den Soundtrack zum Hollywoodfilm Midnight Express mit seinem ersten Oscar prämiert wurde. Ob bei Elektro-Dandy DJ Hell, Gomma Records, dem wegweisenden Label von Mathias Modica und Jonas Imbery, in Mirko Hecktor's Buch „Mjunik Disco" oder bei der jungen Garde unkonventioneller DJs wie Cocolores, Marvin & Valentino oder Kill The Tills – bis heute kann man Spuren des Altmeisters und Pioniers finden. Sein Vermächtnis an den Münchner Sound sind Vergnügen, Eleganz und elektronische Erotik.

Bar Gabányi

Niemand ist mit „König Alkohol" besser vertraut als Stefan Gabányi. Der Whiskey-Kenner ist zudem sehr charmant, und sein Backenbart ebenso wie sein Scharfsinn verleihen der zeitlosen Bar ein abenteuerliches Aroma. Zu Mezcal, einem Rusty Margarita oder Whiskey wird ehrliches Essen serviert, donnerstags finden Pianokonzerte oder Lesungen statt.
Beethovenplatz 2, Ludwigsvorstadt,
Tel.: 089/51701805,
www.bar-gabanyi.de, Öffnungszeiten:
Mi & Do 18–3 Uhr, Fr & Sa 20–5 Uhr,
So 20–4 Uhr

Trisoux

„Die Bar mit der schönen Decke": Selbst wenn einem mal der Name entfällt, so weiß doch jeder sofort, was gemeint ist. Das Trisoux beeindruckt mit mehr als 7000 Vierkant-Hölzern, die wellenförmig an der Decke angeordnet sind. Das in Kombination mit der dezenten Beleuchtung ist schon mal ein Wow-Erlebnis, wenn man die Bar im Glockenbachviertel betritt. In dem Laden befand sich zuvor mehr als 20 Jahre lang die legendäre Schwulenkneipe „Bau". Aber das Viertel hat sich in den vergangenen

Jahren stark verändert – vom verruchten Schwulen- zum Szeneviertel. In der Trisoux Bar gibt es jedenfalls nicht nur Bier aus der Flasche, die Bartender verstehen sich hier aufs „Fine Drinking".
Müllerstraße 41, Isarvorstadt,
www.trisoux.com, Öffnungszeiten:
Mo–Do 19–1 Uhr, Fr & Sa 19–3 Uhr,
So 19–0 Uhr

Polka

Haidhausen ist in München als gediegenes Familienviertel verschrien. Entsprechend tot war das Nachtleben hier lange Zeit. Ein wenig frischen Wind bringt seit 2016 die Polka Bar an den Pariser Platz. Eine schlichte Kellerbar mit Diskokugel an der Decke und Retro-Mobiliar. Tipp: vorher im dazugehörigen Restaurant fein speisen und danach die Treppen nach unten nehmen.
Pariser Straße 38, Haidhausen,
Tel.: 089/89068391,
www.polka-polka.de, Öffnungszeiten Bar:
Do 20–2 Uhr, Fr & Sa 20–3 Uhr

WEITER AUF SEITE 136 →

PARKETT LINKS

Franzi Schulz

—

Barkeeperin in der Bar Gabányi

—

Sie arbeiten als Barkeeperin in der Bar Gabányi. Gibt es einen typisch Münchner Drink?
Der Kir Royal wartet noch auf seine Wiederentdeckung.

Wo in München kaufen Sie den besten Wein, Champagner und ganz allgemein guten Bar-Bedarf ein?
Champagner kaufe ich bei *Champagne Characters* im Westend, Wein bei *Garibaldi*, Whiskey beim *Whisk(e)y Tara* am Rindermarkt und in *Mike's Lampenladen* im Tal und Kräuter und Gewürze im *Kräuterparadies Lindig* in der Blumenstraße.

Wie verbringen Sie den idealen freien Tag in München nach einer langen Schicht hinter der Bar?
Raus in die Berge, am liebsten ins Karwendel. Abends zurück in die Stadt und ins *Tantris* zum Essen.

Was unternehmen Sie mit Besuch aus einer anderen Stadt?
Das kommt ganz auf den Besuch an, aber oft und gerne gehe ich in die *Münchner Kammerspiele* oder mache einen Ausflug in den *Botanischen Garten*.

Wie erklären Sie Nicht-Münchnern die Stadt in einem Satz?
München ist ein Sehnsuchtsort. In beide Richtungen.

Welche Seite der Stadt ist Ihrer Meinung nach völlig unterschätzt?
Die Anarchische.

Champagne Characters – Alter Messeplatz 6 / *Garibaldi* – alle Filialen unter garibaldi.de /
Whisk(e)y Tara – Rindermarkt 16 / *Mike's Lampenladen* – Tal 42 und Westenriederstraße 49 /
Kräuterparadies Lindig – Blumenstraße 15 / *Tantris* – Johann-Fichte-Straße 7 /
Münchner Kammerspiele – Maximilianstraße 26 / *Botanischer Garten* – Menzinger Straße 65

Ory

Ein beleuchteter Riesenfächer spannt sich in der Ory-Bar über die Theke. Der Fächer ist das Logo vom Hotel Mandarin Oriental, in dem sich die Bar befindet. Dennoch ist das Ory keine schnöde Hotelbar. Die Barchefs interpretieren die Klassiker unter den Drinks auf ihre eigene Art und Weise (mit Kokossorbet statt Sahne) und haben zusätzlich noch einige Signature Drinks auf der Karte stehen. Und auch das Barfood-Menü mit Shrimp-Burger und Ente-Teigtasche kann sich sehen lassen.
Neuturmstraße 1, Altstadt,
Tel.: 089/588054579, www.ory.bar,
Öffnungszeiten: So–Mi 18–1 Uhr,
Do–Sa 18–3 Uhr

Drunken Dragon Bar

Spicy Cocktailbar gegenüber vom legendären Pimpernel im Glockenbachviertel. Das Drunken Dragon ist der Bar-Ableger des für seine hervorragende Fusion-Küche berühmten The Hutong Club-Restaurants. Neben besten Drinks gibt es hier kalte und warme chinesische Snacks wie Dumplings, marinierten Schweinebauch oder rohen Thunfisch.
Müllerstraße 51, Glockenbach,
Tel. 089/24216115,
www.thedrunkendragonbar.de,
Öffnungszeiten: So–Do 18–1 Uhr,
Fr–Sa 18–2 Uhr

Valentin Stüberl

Schöne, alteingesessene „Boazn" mit vielen Stammgästen im Dreimühlenviertel. Berühmt für ihre Fußballübertragungen.
Dreimühlenstraße 28, Dreimühlenviertel,
Tel. 089/76757058,
www.valentinstueberl.com,
Öffnungszeiten: Mo–Do 18–1 Uhr,
Fr & Sa 18-2 Uhr, So geschlossen

Zum Wolf

Urige Boazn im Glockenbachviertel, die im Vergleich zu den meisten anderen urigen Boazn aber nicht nur Bier und Schoppenwein kann, sondern auch High-End-Drinks und modernste Cocktails serviert. Erinnert bei aller Boaznhaftigkeit irgendwie auch an eine amerikanische Western-Kaschemme.
Pestalozzistraße 22, Glockenbachviertel,
www.zumwolf.com, Öffnungszeiten:
Mo–Do 18–1 Uhr, Fr & Sa 18–2 Uhr

Baader Café

Wird hin und wieder als letzte Bastion der alternativen Intellektuellenszene in München bezeichnet. Den Namen jedenfalls hat das Baader Café von der Straße, in der sie liegt und die wiederum hat ihren Namen von dem Mystiker Franz Xaver von Baader. Er versuchte zu beweisen, dass all unser Denken ein Nachdenken ist. Wer darüber länger nachdenken oder mit seinen Freunden bei soliden Drinks, Wein oder Bier und ein paar hausgemachten Bar-Speisen debattieren will, ist hier richtig.
Baaderstraße 47, Glockenbachviertel,
Tel.: 089/2010638, www.baadercafe.de,
Öffnungszeiten: So–Do 9.30–1 Uhr,
Fr & Sa 9.30–2 Uhr

Roter Knopf

Der Rote Knopf hat das Flair einer gemütlichen Wirtshausstubn vermischt mit etwas 70's Retroflair. Aufgelegt werden Schallplatten und das Publikum setzt sich frei nach dem Motto des Wirts Christian Blau zusammen: „Alt trifft Jung, Gscheit trifft Dumm."
Steinstraße 63, Haidhausen,
Tel. 089/95455938,
www.zumrotenknopf.de, Öffnungszeiten:
Mo–Do 17–2 Uhr, Fr & Sa 17–3 Uhr

WEITER AUF SEITE 140 →

The Hutong Club – Franz-Joseph-Straße 28 / *Makassar* – Dreimühlenstraße 25 /
Valentin Stüberl – Dreimühlenstraße 28 / *Trisoux* – Müllerstraße 41 /
Senatore Bar – Sendlinger-Tor-Platz 5 / *Roy* – Herzog-Wilhelm-Straße 30 /
Harry Klein – Sonnenstraße 8 / *Blitz Club* – Museumsinsel 1 / *Rote Sonne* –
Maximiliansplatz 5 / *Hotel Lux* – Ledererstraße 13 / *Daddy Longlegs* – Barer Straße 42

ALMA.

Unternehmerin und DJ

Das perfekte Party-Wochenende mit Freundinnen in München?
Essen und guter Wein im *The Hutong Club* in Schwabing – da gibt
es eine wahnsinnig gute asiatische Fusion Küche. Wer die kreoli-
sche Küche vorzieht: unbedingt ins *Makassar* im Dreimühlenviertel. Bestes Team der Stadt! Drinks später ein paar Häuser weiter im
Valentin Stüberl. Von dort aus dann weiterziehen ins nahegelegene
Glockenbachviertel zum *Trisoux,* die *Senatore Bar* oder ins *Roy*
– dort ist die Deko Programm. Und dann: tanzen! Am besten zu
wabernden Technobeats im *Harry Klein,* dem *Blitz Club* oder der
Roten Sonne.

Welche Bar ist Ihre persönliche Stammbar und warum?
Ich gehe gerne in die Bar vom *Hotel Lux* um die Ecke vom Platzl.
Die Drinks sind höchste Qualität und ich liebe das Gefühl, mich
wie ein Tourist in meiner eigenen Stadt zu fühlen. Das überkommt
mich in dieser Gegend rund ums Hofbräuhaus zuverlässig.

Bestes Katerfrühstück nach einer durchtanzten Nacht?
Daheim: getoastetes Vollkornbrot mit Knoblauchmajo, belegt mit
Tomate, Avocado, Bergkäse, frischem Basilikum und einem
Spiegelei Sunnyside down. Außerhalb: eine Acai Bowl im *Daddy
Longlegs.*

*Sie sind leidenschaftliche Wiesn-Besucherin: Wie geht der
perfekte Wiesntag?*
Blauer Himmel, Sonne und ganz wichtig: wochentags. Zuerst mit
Freunden ein Weißwurstfrühstück im Lindwurmstüberl, dann
auf den Balkon vom Schützenfestzelt oder in den Biergarten vom
Augustiner: alte Freunde treffen und neue Bekanntschaften
schließen. Am Ende eine Fahrt im Autoscooter und, natürlich, im
Weißbier-Karussell.

Nachtklubs

Harry Klein

Seit Jahrzehnten DER Techno- und House-club Münchens – und kein bisschen in die Jahre gekommen. Das Booking ist so gött-lich wie eh und je, tolle Visuals sind auch immer am Start und seit 2014 gibt es ein-mal jährlich einen Ladies-Monat namens „Marry Klein", in dem ausschließlich weib-liche DJs auflegen und diverse Workshops und Diskussionen zum Thema Gleich-stellung der Geschlechter stattfinden.
Sonnenstraße 8, Altstadt,
Tel.: 89/40287400,
www.harrykleinclub.de,
Öffnungszeiten: Mi 23–5 Uhr,
Do 23–6 Uhr, Fr & Sa 23–7 Uhr

Crux

Wer Hip Hop sucht, voilà! Im alten Zerwirkgewölbe findet man den Beat und den Bass. Old School, New School, Konzerte und DJ-Sets. Im selben Gebäude befindet sich die Spezl-wirtschaft (www.spezlwirtschaft.me), ein bayerisches Wirtshaus, dem man Kapuzenpulli und Baseballkappe über-gezogen hat.
Ledererstraße 3, Altstadt,
www.crux.me, Öffnungszeiten:
Mi, Fr & Sa 23–5 Uhr

Rote Sonne

Münchens exquisiter Elektro-Club. Das bunte Publikum wird von seiner gemein-samen Musikaffinität zusammengehalten und nicht selten gelingt es den DJs, einen veritablen Rave heraufzubeschwören. Vorsicht: Wer sich in der Tür irrt, landet in der 089 Bar nebenan und erlebt einen Kulturschock.
Maximiliansplatz 5, Altstadt,
Tel.: 089/55263330,
www.rote-sonne.com, Öffnungszeiten:
Do–Sa ab 23 Uhr

Heart

Das Hearthouse in der Alten Börse am Lenbachplatz versteht sich als Ort der Be-gegnung im Herzen der Stadt, eine Platt-form für Networking und kreativen Aus-tausch. Ein privater Kulinarik-, Kultur- und Social-Club, offen für Members und Gäste.
Lenbachplatz 2, Altstadt,
Tel.: 0160/90900224,
www.h-e-a-r-t.me, Öffnungszeiten:
Di & Mi 19–3 Uhr, Do–Sa 19–6 Uhr

Charlie

Selbst bezeichnet sich das Charlie als „happiest bar in town" und ist Münchens Liebling unter Ästheten und Kultur-schaffenden.
Schyrenstraße 8, Untergiesing,
Tel.: 089/48058244, www.charl.ie,
Öffnungszeiten Club: nur Sa ab 22 Uhr,
Öffnungszeiten Restaurant:
Mo–Sa 18–1 Uhr, So 17–23 Uhr

Pimpernel

„Etablissement", Schwulentreff, Halbwelt: Das Pimpernel blickt auf eine Vergangen-heit mit Lederkerlen und kriminellem Milieu zurück. Heute ist vor allem die Wider-standsfähigkeit gegen die Sperrstunde geblieben, und die Bar ist die offizielle Afterhour-Adresse in der Stadt.
Müllerstraße 56, Isarvorstadt,
Tel.: 089/23237156,
www.pimpernel-muenchen.de, Öffnungs-
zeiten: täglich 22–6 Uhr

WEITER AUF SEITE 144 →

MONACO FRANZE

Warnung von der „Frauengleichstellungsstelle" (die gibt es wirklich!): In München läuft seit jeher eine Spezies Mann herum, die woanders – salopp ausgedrückt – keinen Stich machen würde. Windige Typen von Windhund bis Windbeutel, Notnicks und Nullingers, falsche Grafen und echte Hallodris. Nichts haben sie auf dem Kasten, aber eines können sie ganz gut, nämlich unschuldige Mädchen verführen. Literarisch porträtiert hat diese Sorte Mann der Schriftsteller und Spaziergänger Sigi Sommer in seinem Buch „Meine 99 Bräute" – was ihm sicher nicht schwergefallen ist, weil es viel Autobiographisches enthält. Leider ist Sigi Sommer schon lange tot, aber man kann ihn noch als lebensgroße Figur in der Münchner Altstadt bewundern: in der Rosenstraße, auf dem Weg zu seiner ehemaligen Redaktion bei der Abendzeitung in der Sendlinger Straße.

Neueren Datums ist der „Monaco Franze" (mit bürgerlichem Namen Franz Münchinger), bekannt auch als „der ewige Stenz" – Held einer Fernsehserie, die von Helmut Dietl zusammen mit Patrick Süskind erdacht und dem Hauptdarsteller Helmut Fischer auf den Leib geschrieben wurde. Der ist inzwischen auch leider schon gestorben, und daher haben ihm seine Münchner ein Denkmal gesetzt, das vor seinem Stammlokal Café Münchner Freiheit am gleichnamigen Platz steht. Hier eine Probe seines Könnens, mit seiner Filmpartnerin Gisela Schneeberger alias Elli:

Elli: „Gell, des sag ich Ihnen gleich, im Fall dass S' mich ansprechen wollen, da brauchen S' sich gar ned anstrengen, weil bei mir geht nix."

Monaco: „Gar nix, Fräulein?"

Elli: „Aber schon überhaupt nix."

Monaco: „Ja, Fräulein ... aber man sagt doch: Ein bissl was geht immer."

ZITAT AUS: H. DIETL/P. SÜSKIND: MONACO FRANZE. DER EWIGE STENZ

Dieser schon von Sigi Sommer erdichtete Anmachspruch („Und ist der Zahn auch noch so steil, ein bissl was geht alleweil!") ist Münchner Folklore geworden. Der „Franze" konnte damit bei seiner Elli landen, jedenfalls, bis sie ihm zu sehr auf den Leib rückte. Dann hatte er leider – und auch dieser Spruch ist schon längst zur Redensart geworden – „immer des G'schiss mit der Elli".

Mira Mann

—

Musikerin, Autorin und Veranstalterin

—

*Sie sind als Musikerin, Veranstalterin, Bookerin, DJ und
Autorin ein Universalgenie des Münchner Nacht- und
Musiklebens. Inwiefern war München immer der richtige
Ort für Ihr Schaffen?*
2014 bin ich mal für ein Jahr nach Berlin abgehauen und dann
doch sehr gerne zurückgekommen: München ist langsamer als
andere Städte und gern mal hintendran. Ich finde es gut, außen
vor zu sein. So bleibt mir mehr Zeit zum Nachdenken.

*Welche Bars und Clubs zeigen Sie Freunden, die Sie in
München besuchen?*
Wenn wir quatschen wollen geht es in die *Favorit Bar* oder in den
Roten Knopf. Für einen richtig guten Drink mag ich es etwas
schicker: entweder in der *Bar Gabányi* oder in der *Goldenen Bar*.
Nachts mag ich die *Rote Sonne* oder Karaoke im *Ratchada Thai*
im Hauptbahnhofviertel und danach ins *Sindbad* zum späten
zweiten Abendessen – einer der wenigen Orte, wo man nachts
noch was zu essen bekommt.

Wo in München findet man Sie tagsüber, allein und mit Freunden?
Alleine und auch mit Freunden ist das *Baader Café* ein fantastischer Ort. Morgens läuft klassische Musik und das Frühstück ist
preiswert und gut. Für Treffen und Gespräche gibt es große runde
Tische mit Marmorplatten. Hier sind schon einige gute Ideen
entstanden.

Welche Seiten Münchens finden Sie unterschätzt?
Sendling ist das beste Viertel Münchens. Um die Großmarkthalle
gibt es fantastische Restaurants wie das *Saluki* oder das italienische
Restaurant *Gennaro Bussone*. Und wenn keiner schaut kann man
sich auf das Gelände der Großmarkthalle schleichen und zwischen
den Hallen und LKWs spazieren. Das *Werkstattkino* ist Münchens

bestes Kino und mit seinem anspruchsvollen Programm einzigartig in München. Die *Glockenbachwerkstatt* ist das Stadtteil- und Jugend-zentrum München Mitte, hier finden oft Konzerte kleinerer Bands statt – ich empfehle den Mittwochabend „Fish and Blues", dazu gibt's preiswerte und köstliche Fischgerichte und die hauseigene Bluesband spielt auf.

Favorit Bar – Damenstiftstraße 12 / *Roter Knopf* – Steinstraße 63 / *Bar Gabányi* – Beethovenplatz 2 / *Goldene Bar* – Prinzregentenplatz 1 / *Rote Sonne* – Maximiliansplatz 5 / *Ratchada Thai* – Schwanthaler Straße 8 / *Sindbad* – Schwanthaler Straße 2 / *Baader Café* – Baader Straße 47 / *Saluki* – Thalkirchner Straße 130 / *Gennaro Bussone* – Thalkirchner Straße 126 / *Werkstattkino* – Fraunhoferstraße 9 / *Glockenbachwerkstatt* – Blumenstraße 7

Bob Beaman

Die Decke ist eine Lichtorgel und Deep House ersetzt den Chor. Mit maximal aufgedrehter Anlage und exzellentem Musikprogramm mauserte sich das Bob Beaman zu einem Tempel moderner Tanzmusik. Im kleinen Außenbereich kann man Luft schnappen und sich von den Bässen erholen.

Gabelsbergerstraße 4, Ecke Amalienstraße, Maxvorstadt, www.bobbeamanclub.com, Öffnungszeiten: Fr & Sa ab 23 Uhr

Blitz

Top!

Monatelang haben die Münchner auf die Eröffnung des neuen Elektroclubs beim Deutschen Museum hingefiebert. Als es dann 2017 soweit war, bildeten sich so lange Schlangen vor der Tür, dass die Polizei anrücken und für Ordnung sorgen musste. Bessere PR geht kaum. Im Club selbst ist nicht das Interieur, sondern die Anlage der Star. Die Gäste sollen hier das perfekte Akustikerlebnis genießen können. Damit nichts vom Tanzen ablenkt, sind Handykameras verboten. Wehe, wenn doch einer mal ein Selfie macht …

Museumsinsel 1, Eingang Ludwigsbrücke, Altstadt, Tel.: 089/380126561, www.blitz.club, Öffnungszeiten: Fr & Sa 23–8 Uhr

Musik

Ludwig Beck

In der schon legendären und dreifach mit dem „Echo" ausgezeichneten Musikabteilung im 5. Stock bei Ludwig Beck kann man zwischen 120.000 Klassik-, Jazz- und Weltmusik-CDs und Hörbüchern sowie 2000 Schallplatten stöbern. Zudem gibt es hier regelmäßig Mini-Konzerte und CD-Präsentationen junger Talente und etablierter Künstler.

Marienplatz 11, Altstadt, Tel.: 089/23691700, www.ludwigbeck.de, Öffnungszeiten: Mo–Sa 10–20 Uhr

Mono

Independent und Jazz auf neuen und gebrauchten Platten und CDs.

Elsässer Straße 19, Haidhausen, Tel.: 089/4802614, Öffnungszeiten: Mi & Do 14–20 Uhr, Fr 14–18.30 Uhr, Sa 10–14 Uhr

Monkey Island Records

An- und Verkauf von Pop-, Rock- und Klassikplatten, CDs und Büchern.

Steinstraße 67, Haidhausen, Tel.: 089/4487218

Public Possession

Hier gibt es Tanzmusik auf Vinyl von zweien, die es wissen müssen: den Münchner DJs Marvin & Valentino.

Klenzestraße 16, Isarvorstadt, Tel.: 089/26010425, www.publicpossession.com, Öffnungszeiten: Mi–Sa 12–19 Uhr

Optimal

Heimeliger Plattenladen im Glockenbachviertel mit treuem Kundenkreis – schließlich gibt es den Laden seit mehr als 35 Jahren. Auf 120 Quadratmetern findet

man hier Vinyl, CDs, DVDs, Bücher und Magazine. Platten von internationalen Größen gibt es hier ebenso wie von kleinen Münchner Labels.
Kolosseumstraße 6, Isarvorstadt, Tel.: 089/268185, www.optimal-records.de, Öffnungszeiten: Mo–Fr 11–20 Uhr, Sa 11–18 Uhr

Best Records

Seit 1989 verkauft der ehemalige Journalist Christoph Best Platten in seinem charmanten Laden in der Maxvorstadt. Der Vinyl-Liebhaber hortet mehr als 200.000 Platten in seinen Kisten.

Theresienstraße 46, Maxvorstadt, Tel.: 089/282339, www.bestvinyl.de, Öffnungszeiten: Mo–Fr 13–18.30 Uhr, Sa 11–14 Uhr

Der Schallplattenladen

In dem Laden an der Pariser Straße im schönen Haidhausen findet man neues und gebrauchtes Vinyl, original oder nachgepresst. Inhaber Stefan Maierhofer berät seine Kunden gerne und teilt mit ihnen sein Musikwissen.

Pariser Straße 50, Haidhausen, Tel.: 089/72488944, www.derschallplattenladen.de, Öffnungszeiten: Di–Fr 14–19 Uhr, Sa 12–16 Uhr

PIMPERNEL

„JA IN SCHWABINGS GIBT'S A KNEIPEN /
DIE MUASS GANZ WOS BSONDERS SEI /
DA LASSENS SOLCHE LEIT /
WIE DI UND MI ERST GAR NED NEI...".

Keine Sorge, das ist kein verzweifelter Versuch einer Schweizerin, plötzlich Bayrisch zu sprechen. Und nein, diese Worte über einen Stadtteil Münchens sind auch kein Beschwerdebrief einer „Zuagroasten" an ihre neue Heimat. Es ist eine Textzeile aus dem Wiesn-Hit „Schickeria" der Spider Murphy Gang über die Gesellschaft der 1980er, die angeblich feiern konnte, als gäbe es kein Morgen, die das Blitzlicht der Klatschblätter liebte und dabei jedes Gefühl von Scham oder Bescheidenheit vergaß.

Versetzen wir uns in die Ära, in der die angebliche „Münchner Schickeria" ihre Blütezeit hatte, dann bin ich mir sicher: Diese Zeit ist vorbei. Baby Schimmerlos, der in „Kir Royal" darüber entschied, wer in München dazugehört und wer nicht, ist tot. Inszenierungen à la Rudolf Moshammer mit schwarzblau toupierter Haarpracht will keiner mehr sehen. Und Szenen, in denen die Promis bei BUNTE anriefen, um sicher im Blatt erwähnt zu sein, kommen seltener vor. (Wer es sich heute leisten kann, der schickt seinen Agenten vor – das ist eleganter).

Nein, die Schickeria von heute trinkt nicht mal mehr im Brenner am Samstagnachmittag ihren Aperol Spritz, trägt keine Poloshirts mit überdimensionalem Logo oder spritzt im P1 mit Champagner um sich.

Die Schickeria von heute ist leiser, unauffälliger, wenn nicht sogar versteckter. Natürlich ist sie noch schön, erfolgreich und narzisstisch. Aber sie ist auch vernünftig und ganz schön spießig, wenn es um die eigene, gesunde Ernährung geht. Sie ist stolz auf ihre alten Werte, sie liebt ihre Trachten, sie heiratet und bekommt viele Kinder, weil das konventionelle Bild einer Familie noch immer das Ideal dieser eingebildeten Elite ist. Sie umgibt sich mit Adeligen und hält Titel und Stammbäume für ein Ausschlusskriterium über Sein oder Nichtsein. Und sie bedient sich der Kunst als universeller Sprache unter ihresgleichen – denn Kunst ist heute ein bisschen wie das Koks von damals: Wer es sich leisten kann, versteht den Hype und den Rausch. Die „Schickeria" ist im Frühling auf dem Golfplatz, im Sommer im eigenen Haus am Tegernsee, im Herbst auf der Jagd und im Winter zum Skifahren in Kitzbühel. Das ist noch immer so unbescheiden wie damals. Nur das öffentlich zu machen, das ist nicht mehr en vogue. Bilder zu posten, gehört sich nicht. Facebook ist tot und Aufmerksamkeit auf Instagram zu erhaschen, ziemt sich auch nicht.

Deshalb: Ja, die „Schickeria" gibt es noch immer. Sie ist noch immer sehr stolz, Münchnerin zu sein und hält die Gepflogenheiten „Mingas" hoch. Aber vielleicht nicht in dem „kracherten" Sinn wie noch vor 40 Jahren. Nicht mehr so geltungssüchtig und marktschreierisch. Sondern diskreter und eleganter, als zu Zeiten von „Kir Royal" – auch wenn ich mir sicher bin, dass die Feste bis heute maßlos und schamlos sind. Und das ist gut so! Man hat ja schließlich einen Ruf zu verlieren … — DEBORAH NEUFELD

Architektur, Interiore Design

MÜNCHEN IST NICHT GERADE FÜR
MUTIGE ARCHITEKTUR BERÜHMT,
DOCH WER GENAU HINSIEHT, ENTDECKT
ZWISCHEN KLASSIZISTISCHEN
PRACHTBAUTEN ÜBERRASCHENDE
KLASSIKER DER MODERNE UND
ZEITGENÖSSISCHE MEISTERWERKE.

DAS SCHÖNE AN München ist, dass die Innenstadt in ihrer Größe überschaubar ist und viele Strecken fußläufig zu meistern sind. Das hat mich dazu veranlasst, Ihnen eine Route zu empfehlen, die Sie in Turnschuhen flanierend oder auch mit dem (Leih-)Radl in Angriff nehmen können.

Wir starten rechts der Isar am Prinzregentenplatz mit Blick auf das *Prinzregententheater*. Ein wunderschöner Jugendstil-Bau von 1900, der im Sommer mit einer hübschen Café-Terrasse aufwartet. Ein paar Meter weiter finden Sie den bekannten *Feinkost Käfer*. Das Charmante hier ist die außergewöhnliche Anordnung und Dekoration der vielen Spezialitäten in einem verwinkelten Altbau. Unbedingt anschauen: Die sogenannten Stuben – 16 Restaurant-Räume in verschiedenen Themen gestaltet. Von Tabak-, über Kristall-, Bayern-, Jagd- oder die Opernstube, die mit einer großen Fotografie von Candida Höfer überrascht. Gegenüber finden Sie den Showroom von *Remade Interiors*, den Vintage-Spezialistinnen in München. An der Ecke Prinzregen-ten-/Ismaninger Straße steht die prachtvolle *Villa Stuck*, das ehemalige Wohnhaus des Architekten und Künstlers Franz von Stuck, heute ein Museum mit Café und ruhigem Innenhof. Gegenüber ist gleich das *Isardoro*, ein anspruchsvolles italienisches Restaurant mit Berliner Größenverhältnissen im Inneren. Weiter Richtung Innenstadt laufen Sie auf die Rückseite des entzückenden Friedensengels von 1896 zu. Das insgesamt 38 Meter hohe Denkmal wacht als Siegesgöttin über die Stadt und hält in der einen Hand einen Ölzweig als Sinnbild für Frieden und in der anderen das Palladion, ein Abbild der Göttin Athene, die für Kampf und Weisheit steht.

Das Plateau des Friedensengels bietet einen schönen Ausblick auf die tiefer liegende Stadt. Nehmen Sie die Stufen runter zur Brücke und genießen Sie den Blick über die Isar nach Süden und Norden. Weiter Richtung Innenstadt liegt auf der rechten Seite dann das *Bayerische Nationalmuseum* – ideal zum Eintauchen in die Bayerische Tradition. Im zugehörigen Restaurant mit der herrlichen Terrasse essen ...

Das sich direkt anschließende *Haus der Kunst* – ein Bau in faschistischen Größenmaßstäben – ist zwar noch nicht von David Chipperfield umgebaut worden, aber natürlich dennoch sehenswert. Die *Goldene Bar* auf der Rückseite ist kein simples Museumscafé, sondern ein Szene-Spot in historischem Goldmosaik. Auch die rückwärtig zum Englischen Garten hin gelegene Terrasse hat

besondere Ausmaße. Zwischen den gigantischen Säulen können Sie ganz oben als Überbleibsel der Ai-Weiwei-Ausstellung noch seine chinesischen Vasen entdecken. Übrigens befindet sich unterhalb dieser Terrasse der einst legendäre *Club P1*. Aber gehen Sie lieber geradeaus weiter, dann kommen Sie an Sep Rufs Amerikanischer Botschaft vorbei und stoßen alsbald auf die prachtvolle Ludwigstraße. Auf der rechten Seite der Kreuzung haben sich im *Ludwigpalais* etliche anspruchsvolle Interior-Läden versammelt. Vom Küchen-Showroom *Dross & Schaffer* über verschiedene Möbelmarken wie Piure, Hästens oder Christine Kröncke bis hin zum bayerischen Manufaktur-Dielenboden von *Schotten & Hansen*. Stärken können Sie sich auch gleich hier bei *Florian Spitta*.

Nun geht's weiter in Richtung Odeonsplatz; biegen Sie unbedingt kurz in die Galeriestraße ein und werfen Sie einen Blick in den bezaubernden Hofgarten der Residenz. Ein kleiner Kuriositätenladen namens *Artefakt,* der *Münchner Kunstverein* und die berühmte *Schumann's* Bar warten unter den Arkaden auf Sie. Wenn Sie Glück haben, tanzen im *Diana-Tempel* einige Tangoliebhaber.

Am Odeonsplatz sehen Sie die gelbe Theatinerkirche mit ihren schwarzgeränderten Voluten, ein Abbild von Sant'Andrea della Valle in Rom und die Feldherrnhalle, eine Nachahmung der Loggia dei Lanzi in Florenz. Hier biegen Sie in die Brienner Straße ein – auf der Ecke können Sie sich bei *Nymphenburg* ein hübsches Andenken kaufen. Zur Rechten wartet der strenge Wittelsbacher Platz mit Reiterdenkmal und zwei stylischen Restaurants auf Sie. Das *Koi* in dunkler Japan-Strenge und das *Rocca Riviera* im 80-er Jahre Italo-Stil – schräg-gekonnt. Ums Eck gibt's ein Glas Schampus zur Stärkung in der *Gamsbar* mit gemaltem Alpenpanorama.

Gegenüber im Luitpoldblock finden Sie gutes Design in Form von Retail: *Aesop, Acne, Occhio.* Traumhaft traditionell geht's hingegen bei *Prantl,* dem Hoflieferanten für alles, was mit Papier zu tun hat, zu.

Bevor wir ins Kunstareal weitergehen, machen Sie unbedingt noch einen kleinen Schlenker in die Prannerstraße. Hier wartet ein nicht nur wunderschöner, sondern auch verantwortungsvoll geführter Concept-Store namens *Sois Blessed.* Inhaberin Ruth Gombert unterstützt eine Afrikanische Schule, indem sie aus den Kinderbildern traumhafte Allover-Prints für Seidenkleider entwirft. Auch Interior-Unikate sowie ein Café und Blumen findet man in diesem großen

Shop mit internationalem Flair, dessen Name soviel heißt wie „Sei gesegnet".

Interior-Legende Axel Vervoordt weigert sich Hotels zu gestalten – für den *Bayerischen Hof* macht er jedoch immer wieder eine Ausnahme. Wer nicht in einem von ihm gestalteten Zimmer oder Suite nächtigen mag, kann Restaurant, Cinema Lounge oder die Palaishalle anschauen. Die Dachterrasse auf Ebene des *Blue Spa,* von Andrée Putman, bietet einen wunderschönen Blick auf die Türme der Frauenkirche und guten Kaffee.

Zurück am Wittelsbacherplatz laufen Sie durch den Neubau der *Siemens-Hauptverwaltung* Richtung Maxvorstadt. Vor wenigen Jahren ging der Entwurf von Henning Larsen Architects aus Kopenhagen, nicht zuletzt wegen der öffentlichen Durchwegung zum Kunstareal, als Sieger eines Architekturwettbewerbs in die Realisierung. In der Eingangshalle befindet sich eine große bronzene Skulptur von Georg Baselitz; vor dem Eingang eine – nicht unumstrittene – Arbeit des Architekten Daniel Libeskind.

So eingestimmt sind es nur noch wenige Meter bis zum Münchner Kunstareal mit den drei *Pinakotheken,* der *Sammlung Brandhorst* und dem *Ägyptischen Museum.* Dieses befindet sich zusammen mit der *Hochschule für Fernsehen und Film* in einem weiteren der wenigen Neubauten der letzten Jahre, geplant vom Kölner Architekten Peter Böhm. Das vielfarbige Museum Brandhorst von Sauerbruch Hutton ist schon etwas älter, aber noch immer sehr beliebt und sehenswert. Wer noch Kapazitäten hat, kann sich in die quirlige Maxvorstadt mit ihrem studentisch angehauchten Flair und vielen (Interior-)Galerien stürzen. Wer hier aufgibt, dem empfehle ich zum Dinner das *Theresa* und zum Digestif die *Theresa* Bar gleich nebenan. Ein schöner Ausklang eines eindrucksreichen Tages in einem der Interior-Highlights Münchens. Wer allerdings auf Sterneküche in breathtaking 70er-Jahre-Interior (mit dem traumhaften Nebeneffekt guter Akustik) steht, fährt jetzt ins legendäre *Tantris* … — REGINE GEIBEL

INTERIOR & CONCEPT STORES

Ambiente Direct

Das wunderschöne Lenbach-Palais kannten die Münchner rund 30 Jahre lang vor allem als „Kokon". 2016 schloss der beliebte Möbelladen, das prachtvolle Gebäude stand leer. Seit Sommer 2018 ist der riesige Laden am Lenbachplatz jedoch wieder eine Anlaufstelle für Interior-Fans: Auf 3000 Quadratmetern bietet Ambiente Direct Objekte von rund 150 Labels an, darunter Hay, Rolf Benz, USM Haller und Vitra. Empfehlenswert ist auch das kleine italienische Café, das sich im Erdgeschoss versteckt.

Lenbachplatz 3, Altstadt,
Tel.: 089/200600400,
www.ambientedirect.com, Öffnungs-
zeiten: Mo–Fr 10-19 Uhr, Sa 10-18 Uhr

Radspieler

Joseph Radspieler belieferte als „Königlich Bayerischer Hoflieferant" zunächst Ludwig I. und später auch dessen Enkel Ludwig II. mit Möbeln (darunter auch der Thronsessel!), Bildern, Spiegelrahmen und Stoffen. Heute findet man in dem Warenhaus allerlei Designstücke, Geschirr, Lampen, Möbel, außergewöhnliche Stoffe und Mode von ausgesuchten Marken wie Oleana und Marimekko. Radspieler ist ein echtes Münchner Unikat – wie auch viele seiner Möbel, die in der eigenen Schreinerei hergestellt werden. Besonders schön ist der zauberhafte Innenhof.

Hackenstraße 7, Altstadt,
Tel.: 089/2350980, www.radspieler.com,
Öffnungszeiten: Mo–Fr 10–19 Uhr,
Sa 10–18 Uhr

Oberpollinger

Seit 2017 glänzt das Nobel-Kaufhaus mit einer neuen „Living Etage" im 4. Stock: Auf 4500 Quadratmetern dreht sich alles um das Thema Wohnen. Neben klassischem Porzellan findet man hier auch junges skandinavisches Design – ein gelungener Spagat! Außerdem sehenswert: die Dachterrasse ein Stockwerk darüber.

Neuhauser Straße 18, Altstadt,
Tel.: 089/290230, www.oberpollinger.de,
Öffnungszeiten: Mo 10–16 Uhr,
Mi–Sa 10–20 Uhr

Manufactum

Nostalgiker kommen im Manufactum voll auf ihre Kosten: Das Sortiment in der Dienerstraße bietet eine Mischung aus traditionell hergestellten Produkten, die man noch von den Großeltern kennt, und hochwertigen Haushaltswaren und Möbeln. Als besondere Ergänzung führt das integrierte Ladengeschäft brot&butter ausgewählte Feinkost und eine Steinofenbäckerei.

Dienerstraße 12, Altstadt,
Tel.: 089/23545900,
www.manufactum.de, Öffnungszeiten:
Mo–Sa 9.30–19 Uhr

Böhmler im Tal

Das edle Einrichtungshaus gibt es bereits seit 1875. Es steht seither für Tradition und Moderne, Stil und Design, erstklassige Qualität und beste Beratung zum Thema Interior.

Tal 11, Altstadt, Tel.: 089/21360,
www.boehmler.dc, Öffnungszeiten:
Mo–Fr 10–19 Uhr, Sa 10–18 Uhr

Obermaier

Alles rund ums Bad findet man bei Obermaier im Luitpoldblock: von Bademänteln und Badezimmerspiegeln bis hin zu Duschvorhängen und Möbeln wie Waschtischen und Badezimmerschränken.

Salvatorstraße 2, Altstadt,
Tel.: 089/224651, www.obermaier.de,
Öffnungszeiten: Mo–Fr 10–19 Uhr,
Sa 10–18 Uhr

BÖHMLER IM TAL

Christian Liaigre

Neben New York, London, Paris und Singapur ist der Showroom des renommierten französischen Innenarchitekten in der Brienner Straße der erste in Deutschland. Schlichtheit, Qualität und Handwerk, gepaart mit französischer Eleganz, findet man hier in Möbeln, Licht, Textilien, Leder und Accessoires wieder.
Brienner Straße 12, Altstadt,
Tel.: 089/28700610,
www.christian-liaigre.fr, Öffnungszeiten:
Mo–Fr 10–19 Uhr, Sa 10–16 Uhr

Holz-Leute

Schalen, Spiele, Bürsten – bei Holz-Leute am Viktualienmarkt gibt es alles aus Holz. Allein wegen des Holzdufts ist es schwer, dem Laden zu widerstehen. Man verlässt ihn immer mit einer neu erstandenen Kleinigkeit, auch wenn es sich vielleicht nur um einen winzigen, geschnitzten Salzlöffel handelt.
Viktualienmarkt 2, Altstadt,
Tel.: 089/268248, www.holz-leute.de,
Öffnungszeiten: Mo–Fr 10–19 Uhr,
Sa 10–18 Uhr

Hermès Maison

Während man im oberen Bereich der Niederlassung der weltbekannten Luxusmarke Mode und Accessoires findet, kann man im Untergeschoss – einmalig in Deutschland – Deko- und Möbelstoffe, Tapeten, Teppiche, Sofas, Sessel und Tische kaufen.
Maximilianstraße 8, Altstadt,
Tel.: 089/2919703, de.stores.hermes.com,
Öffnungszeiten: Mo–Fr 10–19 Uhr,
Sa 10–18 Uhr

Sunday in Bed

Alles für einen perfekten Sonntag im Bett gibt es in diesem süßen Laden in Schwabing: Nachtkleider, Bettwäsche, Homewear und Wohnaccessoires. Da fehlt nur noch der perfekte Pyjama-Partner!
Ainmillerstraße 28, Schwabing,
Tel.: 089/38887031,
www.sundayinbed.de, Öffnungszeiten:
Mo–Fr 11–19 Uhr, Sa 11–16 Uhr

WEITER AUF SEITE 158 ➜

Stephanie Ising
—
D e s i g n e r i n
—

Sie führen eines der bekanntesten deutschen Designbüros, es befindet sich direkt gegenüber vom weltberühmten Paulaner Bräuhaus. München ist ohne Frage Bierstadt – inwiefern ist sie auch Designstadt?
München ist Bierstadt, Designstadt, Kulturstadt, Theaterstadt, Freizeitstadt, Familienstadt. Diese Diversität kann man gut an lauen Sommerabenden in den großen Biergärten beobachten. Sie ist für mich und viele andere Designer ein Grund, hier zu leben.

Welche Gründe gibt es noch?
Das Niveau ist in vielen Bereichen sehr hoch. Das gilt zwar leider auch für den Lebensunterhalt, aber eben auch für den Anspruch im Design. Zudem ruht München stärker in sich als andere Groß-städte. Ich kann hier sehr reflektiert arbeiten, was wiederum der Designqualität zugute kommt.

Wo beziehen Sie in München Mode, Möbel, Accessoires?
Da halte ich mich am liebsten an das tolle Industriedesignlabel *Dante* von unseren Freunden Aylin und Toto. Wenn es um Mode geht, setze ich auf *Ayzit Bostan*. Das Münchner Label *A Kind of Guise* liebe ich auch sehr.

Welche Orte zeigen Sie designinteressierten Freunden und Freundinnen, die zu Besuch in der Stadt sind?
Ich arbeite unter anderem für die *Mayer'sche Hofkunstanstalt*, das ist ein toller, magischer Ort. Ihre Werkstätten und das Haus wirken wie aus einer anderen Zeit – leider kann man sie offiziell nicht besuchen, allerdings sind viele ihrer Werke im Stadtbild zu finden. Ich liebe auch die *Goldene Bar* im Haus der Kunst, den Garten im *Lenbachhaus*, die *Ägyptische Sammlung* und natürlich das unglaub-lich coole Interieur und die Architektur des Restaurants *Tantris* im Norden von München.

Dante – www.dante.lu / *Ayzit Bostan* – www.ayzitbostan.com / *A Kind of Guise* – Adalbertstraße 41b / *Goldene Bar* – Prinzregentenstraße 1 / *Mayer'sche Hofkunstanstalt* – Seidlstraße 25 / *Lenbachhaus* – Luisenstraße 33 / *Ägyptische Sammlung* – Gabelsbergerstraße 33 / *Tantris* – Johann-Fichte-Straße 7

Falkenberg

Sabine Falkenberg sammelt und verkauft in ihrem wunderschönen Concept Store Tee und Schokolade, dänische Designklassiker, Duftkerzen, Räucherstäbchen von Astier de Villatte und Nymphenburger Porzellan.
Franz-Joseph-Straße 21, Schwabing, Tel.: 089/38665077, www.falkenberg-muenchen.com, Öffnungszeiten: Mo–Fr 11–19 Uhr, Sa 11–16 Uhr

Ariane Laue

Einzigartiger Möbel-, Kunst- und Antikhandel in der Theresienstraße. Die Kunsthistorikerin Ariane Laue versammelt außergewöhnliche Einrichtungsgegenstände – selbst wer gerade gar nichts braucht, kommt hier auf seine Kosten, denn der Laden ist eine Ausstellung für sich. Außerdem: Irgendjemanden zu beschenken hat man doch immer …
Theresienstraße 33, Maxvorstadt, Tel.: 089/2800972, www.arianelaue.de, Öffnungszeiten: Mi–Fr 11–18 Uhr und nach Vereinbarung

Freiraum

Einmal durch den luftigen Showroom streifen und jede Menge Wohn-Inspiration mit nach Hause nehmen. Oder auch eine hübsche Lampe, einen gemütlichen Teppich oder ein schickes Sofa. Das Möbelgeschäft setzt auf zeitloses Design, das sich durch hochwertige Verarbeitung auszeichnet. Fachleute, meist Innenarchitekten, beraten die Kunden.
Damenstiftstraße 4, Altstadt, Tel.: 089/26022655, www.freiraum-muenchen.de, Öffnungszeiten: Di–Fr 10–19 Uhr, Sa 10–18 Uhr

Thiersch 15

Arne Jacobsen, Louis Poulsen, Carl Hansen: Wer zeitlose Klassiker großer Designer schätzt, ist hier richtig. Die Inhaberin, eine Architektin, berät ihre Kunden persönlich beim Möbelkauf sowie Licht- und Wohnkonzepten – von der Planung bis zur Ausführung.
Thierschstraße 15, Lehel, Tel.: 089/23708763, www.thiersch15.de, Öffnungszeiten: Mo–Fr 10–18 Uhr, Sa 10–16 Uhr

OCCHIO

Stein 11

Vollholzmöbel im Shaker-Stil sind das Markenzeichen von „Stein 11". Was genau man darunter versteht? Die Shaker waren eine freikirchliche Glaubensgemeinschaft in den USA im 18. Jahrhundert. Der asketische Lebensstil spiegelte sich auch in den schlichten Möbeln wieder – die bis heute als modern gelten. Auch im Laden zu finden: modulare Regalsysteme, etwa von String.
Steinstraße 11, Haidhausen, Tel.: 089/62189171, www.stein11.de, Öffnungszeiten: Mo–Fr 10–18 Uhr, Sa 10–16 Uhr

Lichtgalerie

Als „Ausdruck der Persönlichkeit" sehen die Macher des Ladens eine gekonnte Lichtgebung im Zusammenspiel mit Architektur und Einrichtung. Das Geschäft bietet nicht nur spannende Lampen und Lichtobjekte, sondern auch alles von der Konzeption bis zur Installation. Wer also nach Erleuchtung sucht, sollte im hellen Showroom in Haidhausen vorbeischauen.
Steinstraße 24, Haidhausen, Tel.: 089/44778610, www.lichtgalerie.de, Öffnungszeiten: Mo–Fr 10–19 Uhr, Sa 10–18 Uhr

Occhio

Mehr Kunstwerk als schnöde Lichtquelle: Die schicken ringförmigen Pendelleuchten von Occhio hängen schon bei manch einem Instagram-Star im Wohnzimmer. Die Lichtfarbe der LEDs lässt sich je nach Stimmung einstellen. Spannend: Die Leuchten sind mit dem Tablet oder dem Smartphone steuerbar.
Steinstraße 19, Haidhausen, Tel.: 089/447786180, www.occhio.de, Öffnungszeiten: Mo–Fr 10–19 Uhr, Sa 10–18 Uhr

Koton

Eine bewusst reduzierte Auswahl schicker Designermöbel findet man bei Koton. Klassiker wie die Eames-Chairs oder Louis-Poulsen-Leuchten gibt es in exklusiven Designs und Farben zu entdecken. Neben dem An-, Verkauf und Verleih der Stücke kann man sich hier auch Einrichtungstipps holen.
Barer Straße 38, Maxvorstadt, Tel.: 089/95440404, www.koton.de, Öffnungszeiten: Di–Fr 11–19 Uhr, Sa 11–15 Uhr

Piure

Minimalismus lautet das Zauberwort: Piure setzt auf klare Linien bei Möbeln. Egal ob Sideboards, Regale oder Schränke – die zeitlos schönen Stücke kommen ohne Schnörkel und Schnickschnack aus.
Von-der-Tann-Straße 2a, Maxvorstadt, Tel.: 089/3090660, www.piure.de, Öffnungszeiten: Mo–Fr 9–18 Uhr

Betten Rid

Münchens erste Adresse für guten Schlaf. Seit 1916 ist das Traditionshaus in der Innenstadt zu finden. Auf vier Etagen gibt es Betten, Decken, Bettwäsche und jede Menge Zubehör. Auch Sonderanfertigungen wie runde Spannbettlaken sind möglich. Dazu kommt beste Beratung.
Neuhauser Straße 12, Altstadt, Tel.: 089/211010, www.bettenrid.de, Öffnungszeiten: Mo–Sa 10–20 Uhr

Johanna Daimer Filze

Top!

Im Neuen Rathaus am Marienplatz ist der hübsche kleine Laden zu finden, der sich auf Filze aller Art spezialisiert hat. Ob zum Basteln, zum Dämmen oder für die Einrichtung – das Material ist äußerst vielseitig. Johanna Daimer, die Urgroßtante der heutigen Besitzerin Anni Pirchmoser, gründete den Laden 1883. Er trotzte

Wirtschaftskrisen und Weltkriegen. Die Untersetzer, Kissen, Hussen und Hausschuhe sind auch heute noch hübsche Mitbringsel.
Marienplatz 8, Altstadt,
Tel.: 089/776984,
www.daimer-filze.com, Öffnungszeiten:
Mo–Fr 11–18 Uhr, Sa 10–13 Uhr

Porzellan Manufaktur Nymphenburg

Top!

Die Porzellan Manufaktur fertigt seit 1747 in ihrer einzigen Produktionsstätte weltweit am Nymphenburger Schloss Vasen, Schmuck und hochwertiges Geschirr. Dabei wird großen Wert auf die Zusammenarbeit mit bedeutenden Künstlern gelegt: Im Rokoko waren es namhafte Bildhauer und Modellierer wie Franz Anton Bustelli, heute sind es Industriedesigner wie Konstantin Grcic.
Odeonsplatz 1, Altstadt,
Tel.: 089/282428,
www.nymphenburg.com,
Öffnungszeiten: Mo–Fr 10–18.30 Uhr,
Sa 10–18 Uhr

Magazin

Magazin ist der junge Ableger von Manufactum, hier finden sich allerlei Wohn- und Lifestyle-Produkte.
Fünf Höfe,
Kardinal-Faulhaber-Straße 11, Altstadt,
Tel.: 089/23888031, www.magazin.com,
Öffnungszeiten: Mo–Fr 10–19 Uhr,
Sa 10–18 Uhr

HAY

Der dänische Möbelhersteller betreibt im Glockenbachviertel eine seiner wenigen deutschen Filialen. Wie seine Produkte zeigt sich der Store schlicht und in viel hellem Holz. Neben den bekannten Stühlen bietet HAY auch Wohntextilien wie bunte Filzteppiche, Haushaltswaren und Dekoration – alles vom Design der 50er- und 60er-Jahre inspiriert.
Reichenbachstraße 20, Isarvorstadt,
Tel.: 089/14330960,
www.haymuenchen.de, Öffnungszeiten:
Mo–Fr 10–18 Uhr, Sa 10–16 Uhr

Ingo Maurer

In den hellen Räumlichkeiten seines Showrooms in München zeigt der Industriedesigner Ingo Maurer auf 700 Quadratmetern seine gesamte Kollektion: mehr als 100 Lampen, Leuchten und Lichtinstallationen. In der ehemaligen Produktionshalle des Designers wird Beratung großgeschrieben, doch auch Besucher, die sich seine außergewöhnlichen Lichtdesigns nur ansehen möchten, sind herzlich willkommen. Der Designer, der sich seit den 90er-Jahren neben der Gestaltung von Lampen auch mit Lichtinstallationen befasst, wollte sich neben seinem New Yorker Showroom einen größeren Raum schaffen, in dem er – ganz anders als dort – in Ruhe arbeiten kann. Wer es trotz allem nicht in die heiligen Showroom-Hallen schafft – Ingo Maurer ist überall in München zu sehen, man muss nur etwas aufmerksamer U-Bahn fahren: Er ließ die U-Bahn-Station „Münchner Freiheit" in neuem Blau erstrahlen und designte die über-dimensionalen Lampen der grauen „Westfriedhof"-Station.
Kaiserstraße 47, Schwabing,
Tel.: 089/3816060,
www.ingo-maurer.com,
Öffnungszeiten: Mo–Fr 11–19 Uhr,
Sa 11–16 Uhr

WEITER AUF SEITE 164 →

Johanna Daimer

Filze aller Art

Haus der Kunst – Prinzregentenstraße 1 / *Goldene Bar* – Prinzregentenstraße 1 / *Espace Louis Vuitton* – Maximilianstraße 2a / *Zum Wolf* – Pestalozzistraße 22 / *Lo Spuntino* – Georgenstraße 116 / *Prinzregentenbad* – Prinzregentenstraße 80 / *Bean Store* – Theresienstraße 25 / *Atelier Kaldewey* – Maistraße 29 / *WE.RE* – Buttermelcherstraße 5 / *Kathrin Heubeck* – Corneliusstraße 12 / *Apher Jewelry* – Katharina-von-Bora-Straße 8a / *VOR Shoes* – Utzschneiderstraße 7 / *Annika Schüler* – Schraudolphstraße 10

Claudia Lassner

Schmuckdesignerin und Gründerin von cocii Jewels

Was bekommen wir von München zu sehen, wenn wir uns mit
Ihnen auf eine kleine Stadtführung begeben?
Meinen Laden in der Corneliusstraße, das *Haus der Kunst* mit der
Goldenen Bar, den Kunstverein mit wechselnden Ausstellungen
junger Münchner Künstler, den *Espace Louis Vuitton* und natürlich
im Sommer wie im Winter die Isar im nördlichen Teil der Stadt.
Einen Mittags-Snack nehmen wir auf dem Viktualienmarkt ein.
Und für den besten Boston Sour der Stadt gehen wir abends ins
Zum Wolf. Auch nie fehlen darf ein Besuch bei meinem Liebling-
sitaliener *Lo Spuntino.*

Wohin fliehen wir, wenn's draußen kalt ist?
Zum Saunieren ins *Prinzregentenbad.* An klirrend kalten Winter-
tagen ist das der perfekte Ort zum Abschalten.

Wohin entführen Sie uns zum Shoppen?
Klassiker: der *Bean Store* in der Maxvorstadt. Bei *Atelier Kaldewey*
finde ich maßgeschneiderte Mäntel, Jacken und Basics in feinster
Qualität. Die Schnitte und Stoffe des Labels *WE.RE* überzeugen
nicht nur im Alltag und *Kathrin Heubeck,* mit der ich mir einen
Laden teile, schafft mit ihren minimalistischen Eco-Ledertaschen
die perfekten Wegbegleiter. Tolles Upcoming Label mit punkiger
Attitüde: *Apher Jewelry.* Ein Besuch bei *VOR Shoes* stellt einen un-
weigerlich vor die Frage: Kann man jemals genug Sneakers haben?

Die besten München-Mitbringsel?
Bierkrüge von Keramikmeisterin *Annika Schüler.* Ansonsten: der
Münchner Humor und seine Wurschtigkeit – einfach in die ganze
Welt zu transportieren durch ein nonchalantes „Ja mei …"

Architektur

Salvatorgarage

Autofahrer haben es in der Münchner Altstadt nicht leicht. Einbahnstraßen, Durchfahrtsbeschränkungen, Sackgassen und Parkverbote haben ihren Zweck erfüllt: Nur unverbesserliche Autofans oder Ortsunkundige wagen sich noch in die „Blaue Zone", in der die Politessen so erbarmungslos sind wie die Parkgebühren. Mittlerweile gibt es jedoch einen Grund, das Auto – zumindest ausnahmsweise – zu einem Stadtausflug mitzunehmen. Denn über den Dächern von München, inmitten des historischen Zentrums, ist ein Ort entstanden, der eine überraschende Alternative zu den puristischen, schmucklosen Parkhäusern der Umgebung darstellt. Allein der Blick vom obersten Parkdeck der durch den Münchner Architekten Peter Haimerl aufgestockten Salvatorgarage rechtfertigt die Umweltsünde: Der transparente Kubus, mit dem Uwe Kiessler für das Literaturhaus 1996 einen perfekten Veranstaltungsraum geschaffen hat, und der schlanke Backsteinturm der Salvatorkirche sind zum Greifen nah. Dahinter sind die hohe Kuppel der Theatinerkirche sowie nach Westen die Dächer des Bayerischen Hofs und die Türme der Frauenkirche zu sehen. Die besondere Wirkung des Ortes entsteht jedoch durch die verzinkte Fassade, die als ornamentale Hülle die aufgestockten Etagen des Parkhauses umschließt: eine opulente Krone, hinter der sich ein anmutiger, fast schon poetischer Ort verbirgt, der weit über die reine Funktionserfüllung hinausgeht. Schöner und stilvoller parken kann man in ganz München sicher nicht! Und in wenigen Schritten ist man zu Fuß in den Fünf Höfen.
Salvatorplatz 3, Altstadt

Fünf Höfe

Die Fünf Höfe sind die architektonisch wohl schönste Shoppingadresse in München. Dafür verantwortlich zeichnen internationale Architekten – vor allem Herzog & de Meuron aus Basel und daneben auch Ivano Gianola und Hilmer & Sattler –, die ein Ensemble schufen, in dem Kunst und Kommerz sich verstehen. Unterschiedlich gestaltete, mal offene, mal überdeckte Räume wechseln sich ab. Transparenz, Großzügigkeit und Abwechslungsreichtum prägen die Passagen und Innenhöfe. Jede Passage, jeder Hof wurde individuell gestaltet. Die Salvatorpassage mit einer Länge von 90 Metern bildet das Bindeglied der einzelnen Höfe. Die Wände der 14 Meter hohen Einkaufspassage sind vollständig mit Glas verkleidet. Pflanzen wie Kastanien-

JÜDISCHES MUSEUM

wein und Efeutraube hängen von der Decke und bilden so einen „hängenden Garten", den die Düsseldorfer Künstlerin Tita Giese konzipiert hat. Das davon abzweigende Gewölbe der Prannerpassage ist über und über mit Glaspailletten ausgekleidet, die schimmern und funkeln. Die Fenster der Geschäfte treten wie Vitrinen aus den Wänden hervor. Über den Köpfen der Passanten im Viscardihof schwebt die stählerne Spiralkugel – „Sphere" – des isländischen Künstlers Olafur Eliasson. Und für eine Pause bietet sich Schumann's Tagesbar am Ausgang zum Promenadenplatz an.
Theatinerstraße 15, Altstadt,
www.fuenfhoefe.de

Alter Peter

Zwar ist die Frauenkirche mit den charakteristischen Turmhauben das bekanntere Wahrzeichen der Stadt – die älteste Münchner Pfarrkirche ist jedoch der „Alte Peter". Auf dem winzigen Petersbergl zwischen Viktualienmarkt, Rindermarkt und Marienplatz thronend, bietet sie von der Turmterrasse auf 56 Metern die wohl schönsten Rundblick über München – bei klarem Wetter bis zu den Alpen. Aber auch ein Blick in den Kirchenraum, der in seiner heutigen Anmutung auf die Rokokoumbauten des 18. Jahrhunderts zurückgeht, lohnt – insbesondere wegen des von Egid Quirin Asam vergoldeten barocken Hochaltars. Anschließend an die Kirchenbesichtigung lockt der Viktualienmarkt mit einer großen Auswahl an Köstlichkeiten.
Rindermarkt 1, Altstadt,
www.alter-peter.de

Jüdisches Zentrum

2006, 68 Jahre nach der Zerstörung der einstigen Münchner Hauptsynagoge, die über Jahrzehnte gemeinsam mit den Türmen der Frauenkirche das architektonische Bild der Innenstadt prägte, wurde mit dem Bau des Jüdischen Zentrums ein wichtiges

Zeichen für die jüdische Gemeinde Münchens gesetzt. Es ist ein in der Tradition jüdischen Lebens wurzelnder Neuanfang und zugleich ein Zukunftssignal für die heute rund 9500 Mitglieder der Gemeinde. Das Jüdische Zentrum, das gleich gegenüber dem Stadtmuseum am Jakobsplatz liegt, setzt sich aus drei Baukörpern zusammen: der neuen Münchner Hauptsynagoge, dem Jüdischen Museum und dem Gemeindezentrum mit Veranstaltungsraum und Restaurant, Verwaltung und Kindergarten. Das Gemeindezentrum ist mit der Synagoge durch einen unterirdischen Gang, den „Gang der Erinnerung", verbunden. Georg Soanca-Pollak stattete ihn mit gläsernen Tafeln aus, auf denen die Namen jener Mitglieder der Jüdischen Gemeinde verzeichnet sind, die im Holocaust ermordet wurden. Die Synagoge selbst erinnert mit ihrem schroffen, felsartigen Travertin-Sockel an den zerstörten Jerusalem-Tempel. Mit dem darüber aufragenden Kubus aus einem stählernen Davidssternmuster wird das Zeltheiligtum aus der vierzigjährigen Wüstenwanderung der Israeliten ins Gedächtnis gerufen.
Israelitische Kultusgemeinde, St.-Jakobs-Platz 18, Altstadt, Tel.: 089/202400100,
www.ikg-m.de
Jüdisches Museum, Tel.: 089/23396096,
www.juedisches-museum-muenchen.de,
Öffnungszeiten: Di–So 10–18 Uhr

Museum Brandhorst

Mit diesem Bau haben die Berliner Architekten Matthias Sauerbruch und Louisa Hutton einen Ort geschaffen, an dem die bedeutende Sammlung von Udo und Anette Brandhorst mit mehr als 750 Werken der klassischen Moderne und Werkkomplexen von Künstlern der zweiten Hälfte des 20. Jahrhunderts wie Cy Twombly und Andy Warhol einen beindruckenden, zeitgemäßen Präsentationsort gefunden haben. Die äußerste Fassadenschicht bilden 36.000 vertikal angebrachte

Keramikstäbe, die in 23 verschiedenen Farben glasiert sind und sich – je nach Blickwinkel – zu einer schimmernden, irisierenden Haut verdichten. Besonders beeindruckend ist der extra für den „Lepanto"-Zyklus des Amerikaners Cy Twombly entworfene Raum. Durch die gewölbte Wand lassen sich alle zwölf Bilder mit einem Blick erfassen.

Adresse & Öffnungszeiten siehe Rubrik Museen

Lenbachhaus

Die Städtische Galerie im Lenbachhaus, die in der Künstlervilla Franz von Lenbachs beheimatet ist, wirkt mit ihrer toskanisch inspirierten Neo-Renaissance-Architektur ein wenig wie der nördlichste Vorposten Italiens. Mit der berühmten Sammlung „Der Blaue Reiter" mit Werken von u. a. Kandinsky, Klee und Marc zog das Haus stets internationale Kunstliebhaber an. Nach einer vierjährigen Renovierung lockt es seit Mai 2013 zusätzlich mit moderner Architektur, Hightech und zeitgenössischer Kunst. Verantwortlich für den Prachtanbau am Lenbachhaus ist der Star-Architekt Sir Norman Foster. Umgeben von Jugendstil- und Klassizismusbauten prägt der gold-glänzende Anbau nun das moderne Erscheinungsbild zum Königsplatz. Die vertikal angeordneten, goldfarben eloxierten Aluröhren der Fassade abstrahieren die Pfeiler am Altbau und verknüpfen so Neu und Alt auf subtile Weise. Wer keine Zeit hat, den Rundgang durch die neu geordneten und mittels eines innovativen LED-Systems ins perfekte Licht gesetzten Sammlungen des Hauses zu machen, sollte sich wenigstens das neue Atrium mit der Skulptur von Olafur Eliasson anschauen: Ein spiralförmiger Wirbel aus poliertem Metall und farbigem Glas reicht von der Decke bis dicht über die Köpfe der Besucher herab.

Adresse & Öffnungszeiten siehe Rubrik Museen

Hochschule für Fernsehen und Film & Ägyptisches Museum

Der Innenraum des Foyers der Hochschule wirkt fast wie eine Skulptur. Fußgänger-stege ziehen markante Linien durch das Luftvolumen, auskragende Baukörper dominieren den Raum. Von hier aus erreicht man die Kinosäle und das Café. Im Untergeschoss und in den Obergeschossen liegen die nach neuestem Stand ausgestatteten Seminar- und Technikräume. Das Staatliche Museum für Ägyptische Kunst ist hingegen nach dem Vorbild einer ägyptischen Ausgrabungsstätte konzipiert. Der Haupteingang des Museums am westlichen Teil des Gebäudes wird durch eine große vertikale und massiv wirkende Betonplatte markiert. Hier gelangt man über einen geneigten Vorplatz und durch eine kleine Öffnung in die „Katakomben" des Museums.

Gabelsbergerstraße 31, Maxvorstadt, Tel.: 089/2897630, www.aegyptisches-museum-muenchen.de, Öffnungszeiten: Di 10–20 Uhr, Mi–So 10–18 Uhr

Herz-Jesu-Kirche

Der Neubau wurde nach einem Entwurf des Münchner Architekturbüros Allmann Sattler Wappner realisiert. Der klare Kubus gleicht von außen einem überdimensionalen Kristall. Den eigentlichen Kirchenraum bildet ein von der gläsernen Hülle umfasster hölzerner Kubus. Besonders beeindruckend sind die großen Glasflügel des Hauptportals mit tiefblauen Schriftzeichen des Künstlers Alexander Beleschenko. An hohen kirchlichen Feiertagen öffnen sich diese zu einer großen, einladenden Geste über die gesamte Fassade.

Lachnerstraße 8, Neuhausen, www.herzjesu-muenchen.de

STUDENTENBUNGALOWS IM OLYMPISCHEN DORF

„Wohnen auf kleinstem Raum" – wer sehen will, wie es sich auf 18 Quadratmetern Wohnfläche mit eigenem Bad, Kochecke, Bett, Arbeitsplatz und Terrasse komfortabel leben lässt, darf eine Besichtigung des Olympischen Dorfs mit seinen mehr als 1000 Reihenbungalows nicht versäumen. Ursprünglich zu den Olympischen Spielen 1972 erbaut und als Frauendorf genutzt, mussten die bei Studierenden sehr beliebten, inzwischen individuell bemalten Bungalows ab 2007 aus bautechnischen Gründen abgerissen und neu erbaut werden. Gemeinsam mit dem inzwischen verstorbenen Urheber, dem Architekten Werner Wirsing, entwickelten die Münchner Architekten von bogevischs buero eine außergewöhnliche, „kritische Rekonstruktion", mit der trotz notwendiger Anpassungen an Größe und Zuschnitt das Gesicht und der kommunikative, fröhliche Charakter des Studentendorfes erhalten werden konnte.

Helene-Mayer-Ring 9 (Olympiapark), Milbertshofen

Regine Geibel

—

Architektin, Beraterin und Herausgeberin

—

Sie betreiben nicht nur seit 15 Jahren die Plattform muenchenarchitektur.com, sondern sind auch im Bereich Interior-Beratung tätig. Dabei geht es Ihnen nicht primär um Styling, sondern um Stressvermeidung.
Schlechte Akustik und Beleuchtung erzeugen, ohne dass man es direkt merkt, tatsächlich Stress. Das finde ich unnötig und habe mich deswegen diesem Thema verschrieben.

Welche Münchner Lokale sind für Sie Vorzeige-Orte in Sachen Wohlgefühl?
Die meisten Lokale – egal ob in München oder anderswo – sind durch die vielen schallharten Oberflächen akustisch eine Katastrophe. Auch bei der Beleuchtung wird häufig nicht genug Acht gegeben. Wie es besser geht, zeigen in München das *Tantris,* die *Theresa Bar* und auch das *ChuChin.*

Wo finden Sie in München originelle Möbel und Accessoires für Zuhause?
Herrlich stöbern lässt sich bei *Stephan Keller,* der Dinge aus aller Welt zusammenträgt. Bei *Remade Interior* gibt es Vintagemöbel und schön Schräges. Kurioses gibt es bei *Ariane Laue,* zeitgenössische Kunst und Design des 20. Jahrhunderts gleichwertig nebeneinander findet man in der Galerie von *Stefan Vogdt.*

Was macht die Stadt München aus architektonischer Sicht einzigartig?
Mei, München ist nicht Chicago und die Bayern sind nicht gerade berühmt für ihren Innovations-Geist. Deswegen erfreue ich mich an den wenigen modernen Projekten und genieße ansonsten die Grandezza, die Plätze wie der Odeons- oder Königsplatz oder die Maximilian- und Ludwigstraße bieten.

Tantris – Johann-Fichte-Straße 7 / *Theresa Bar* – Theresienstraße 31 / *ChuChin* – Ismaninger Straße 61 / *Stephan Keller* – Ismaninger Straße 5 / *Remade Interior* – Prannerstraße 4 / *Ariane Laue* – Theresienstraße 33 / *Stefan Vogdt* – Kurfürstenstraße 5

STARNBERGER SEE

escapes

---

*MAN KRIEGT EINEN REGELRECHTEN
FREIZEITSTRESS, WENN MAN IN
MÜNCHEN LEBT. KEIN MENSCH HAT
GENÜGEND FREIE TAGE UM ALL DIE
ZIELE ANZUSTEUERN, DIE VON HIER AUS
MAL EBEN MÖGLICH SIND.*

MÜNCHEN IST WAHNSINNIG zuvorkommend, was die
Möglichkeiten zum wildromantischen Eskapismus angeht. Das ist
vielen Umständen zu verdanken – vor allem aber dem Wasser. Mit der
Isar und den unzähligen von ihr abgehenden Bächen hat man
vielerorts ein glasklares kühles Gebirgswasser in der Stadt, in das man
jederzeit mal eben die Füße stecken oder ein paar Flaschen Bier oder
Champagner kaltstellen kann. Man kann es stundenlang meditativ
betrachten, man kann in diesem klaren Wasser aber auch bedenkenlos
baden. Man kann darin ewig gegen den Strom schwimmen und es
dabei schöner haben als in jedem Schwimmbad. Welche deutsche
Stadt kann das von sich behaupten? Die Isarkiesel und Isarfindlinge an
den Ufern verleihen ihr noch dazu etwas von Gebirge und Wildnis,
und im Englischen Garten eskaliert dieses Gefühl: Je nördlicher man
geht, desto weniger kann man glauben, dass rundherum eine
Millionenstadt lauert. München ist wild. Man teilt sich die Stadt bis
mitten in das Zentrum hinein mit unzähligen Tierarten. Kein Tag ohne
Eichhörnchen-Sichtung. Unterhalb des *Deutschen Museums* leben und
nisten in freier Wildbahn und bester Isarlage Biberfamilien, als wären
sie eine Metapher auf das Wesen der Münchner – immerhin gelten
Biber als gemütlich, stur, dickköpfig, aber außerordentlich sozial. Mit
dem Huchen ist in der Isar außerdem der größte Süßwasserlachs der
Welt heimisch. Und in den zahlreichen Grünanlagen der Stadt trifft
man auf Eisvögel, Schwäne, Rehe, Waldkäuze und Mandarinenten.
Auf dem Waldfriedhof gibt es Füchse und in der Fröttmaninger Heide
leben seltene Laubfrösche und Kröten.

Und dann ist da noch das in seiner Vielfalt und Schönheit viel-
beschworene Umland von München, dessen gewaltige Schönheit man
an jenen klaren Tagen erahnt, an denen sich das Panorama der Alpen
am Horizont erhebt. Wer eine Stunde mit dem Rad gen Süden an der
Isar entlangfährt oder sich von der Pupplinger Au aus Richtung Norden mit dem Schlauchboot hinabtreiben lässt, erwischt sich unweiger-
lich bei einem Gedanken, der unter Münchnern längst zur Floskel
geworden ist: „So nah ist Kanada?"

Man kriegt einen regelrechten Freizeitstress, wenn man in
München lebt. Kein Mensch hat genügend freie Tage, um all die Ziele
anzusteuern, die von hier aus mal eben möglich sind. München liegt
nur ein paar lächerliche Autostunden entfernt von den schönsten
Ländern dieser Welt: die Schweiz, Frankreich, Österreich, Italien und

ENGLISCHER GARTEN

AMMERSEE

die überwältigenden, noch als echter Geheimtipp durchgehenden Slowenischen Alpen. Es hilft nichts, man muss regelmäßig eine Münze entscheiden lassen, wo es das nächste Mal für ein, zwei Nächte hingehen soll.

Wobei, wer braucht überhaupt Nächte? Es soll ja auch Münchner und Münchnerinnen geben, die in unregelmäßigen Abständen einen Tagesausflug nach Straßburg machen, um dort auf dem Markt einen Monatsbedarf an bestem französischen Käse einzukaufen. Allerdings tut man als Münchner immer gut daran, Unterhose und Zahnbürste im Auto zu haben. Man weiß nie, wo man auf dem Weg hängenbleibt. Zu verlockend die Ziele: einen Abstecher ins Fotomuseum Winterthur? Schnell mal zum Bodensee, weil im Kunsthaus Bregenz schon wieder so eine gute Ausstellung ist? Oder doch noch den Schlenker nach Baden Baden in die Sammlung Burda wagen? Eigentlich grauenhaft, das Leben in und von München aus. Man hat viel zu viele Möglichkeiten. — MERCEDES LAUENSTEIN

Café Schneewittchen – Am Glockenbach 8 / *Aroma Kaffebar* – Pestalozzistraße 24 /
Monte Mare Sauna am See – Hauptstraße 63, 83684 Tegernsee / *Biergarten Menterschwaige* –
Menterschwaigstraße 4 / *Braustüberl am Tegernsee* – Schlossplatz 1, 83684 Tegernsee

Sara Nuru & Sali Nuru

Gründerinnen von nuruCoffee

Sara Nuru, Sie leben mittlerweile in Berlin und Zürich – wie sieht der perfekte Urlaubstag in der alten Heimat München aus?

Sara Nuru: Am liebsten treffe ich meine Freunde im *Café Schneewittchen* in meiner alten Wohngegend am Gärtnerplatz im Glockenbachviertel zum Brunch. Die Atmosphäre ist super, das Essen sehr lecker und die haben den besten Chai Latte überhaupt!

Sali Nuru, wo erholen Sie sich am liebsten in München?

Sali Nuru: Ganz klassisch bei einem Spaziergang an der Isar oder im Englischen Garten.

Sie haben gemeinsam ein eigenes Kaffeelabel gegründet und sagen, die Liebe zu Kaffeezeremonien liege in Ihrer Familie. Wo treffen Sie sich in München am liebsten mit Freunden zur ausgedehnten Kaffeezeremonie?

Wenn nicht zuhause bei unserer Mutter, dann gern im *Aroma Café*.

Ihre Top Drei für Ausflüge im Münchner Umland?

Sara Nuru: Die *Sauna am See* am Tegernsee für die volle Entspannung. Wenn ich Lust auf abenteuerliche Bergtouren habe, geht es zum Scharfreiter am Delpssee. Oder, ganz entspannt: nach Bayrischzell zum Langlaufen.

Sali: Ganz klar der *Biergarten Menterschwaige*, das *Braustüberl am Tegernsee* und der Mountainbiketrail an der Isar entlang bis zum Kloster Schäftlarn. Oh, und das Naturschutzgebiet Pupplinger Au in Wolfratshausen. Da wähnt man sich glatt in Kanada.

Flaucher oder Eisbach?

Einstimmig Flaucher.

IN DER STADT
Schwimmbäder

Dantebad
Münchens ausgezeichnete städtische Bäder sind allesamt zu empfehlen. Das Dante-Bad ist aber hervorzuheben, denn hier kann man im geheizten Draußenpool auch bei eisigen Temperaturen unter freiem Himmel seine Bahnen ziehen. Und danach? Ab in den Saunabereich, der montags nur für Frauen geöffnet ist.
Postillonstraße 17, Neuhausen,
Tel.: 089/23615050,
www.swm.de/privatkunden/m-baeder.html,
Öffnungszeiten: Mo, Mi, Fr 7–23 Uhr,
Di, Do, Sa, So 7.30–23 Uhr

Naturbad Maria Einsiedel
Top!
Unweit der Isar, in einer ruhigen Straße inmitten von viel Grün liegt dieses Bad mit naturbelassenem Wasser. Ein weiteres Highlight ist der 400 Meter lange Isarkanal, der das Freibad durchquert: Hartgesottene können sich hier im eisigen Isarwasser mit dem Strom treiben lassen.
Zentralländstraße 28, Thalkirchen,
Tel.: 089/23615050, Öffnungszeiten:
während der Freibadsaison (von Juni bis September, genaue Termine unter www.swm.de) Mo–Do 10–19 Uhr,
Fr–So 9–19 Uhr, an heißen Tagen im Mai bis August bis 20 Uhr

Müllersches Volksbad
Nirgendwo kann man so anmutig seine Bahnen ziehen wie im historischen Jugend-stil-Hallenbad im Herzen Münchens: Der sanfte Einstieg über die wunder-schönen Steintreppen, der Blick auf den original erhaltenen Deckenstuck, das römisch-irische Schwitzbad...
Rosenheimer Straße 1, Haidhausen,
Tel.: 089/23615050, Öffnungszeiten:
Schwimmhalle täglich 7.30–23 Uhr,

Sauna täglich 9–23 Uhr, Wannen- und Brausebad Mo 17.30–20.30 Uhr,
Mi & Fr 8–13.30 Uhr

Olympiabad
Architektonisch ebenso beeindruckend wie das ganze Olympiapark-Ensemble ist auch die dortige Schwimmhalle. Das Dach ist Teil des Olympia-Zeltdachs, das auch das Stadion überspannt. Prägend für das Gesamtbild ist der 10-Meter-Sprungturm mit seinen fünf Plattformen. In den letzten Jahren erfolgte eine Generalsanierung – seit Frühjahr 2019 steht es den Besuchern wieder offen.
Coubertinplatz, Olympiapark,
Milbertshofen, Tel.: 089/23615050,
Öffnungszeiten: Mo 10–19 Uhr,
Di–So 10–22 Uhr, Sauna täglich geöffnet von 10–22 Uhr

Radwege

Isar
Von der Großhesseloher Brücke losradeln, nach etwa vier Kilometern stadteinwärts durch unberührte Natur am Tierpark Hellabrunn ankommen, Pause am Flaucher einlegen und weiter geht Richtung Rei-chenbachbrücke fahren – die Fahrradwege sind direkt am Wasser und führen immer geradeaus! Die nächsten Highlights sind Museums- und Praterinsel. Am Fuß des Friedensengels ist man am Ziel und kann wunderbar picknicken!
Start: Tram 15 Richtung Grünwald, bis Station Großhesseloher Brücke

Englischer Garten
Eine tolle Route quer durch eine der größten Parkanlagen der Welt beginnt an der Surfwelle am Eisbach (Prinzregenten-straße), führt dann über den Monopteros (kurz Pause machen und die Aussicht auf die Frauenkirche genießen!), den

MÜLLERSCHES VOLKSBAD

OLYMPIABAD

Chinesischen Turm und den Kleinhesseloher See hin bis zur wunderschönen Holzbrücke am Isarwehr in Oberföhring (Strecke: ca. 4,5 km). Wer dann noch weiterradeln und sich anschließend kurz erfrischen will, sollte zum weiter nördlich gelegenen Feringasee fahren.

Start: z.B. zu Fuß aus der Innenstadt durch den Hofgarten oder mit dem Bus 100 bis zur Station Nationalmuseum/ Haus der Kunst

Natur in der Stadt

Englischer Garten

Der Englische Garten ist größer als der berühmte Central Park in New York. Im Sommer treffen sich die Münchner hier zum Picknick, zum Ballspielen, sonnen sich auf der Wiese (es gibt traditionell auch einen Bereich für die „Nackerten") und erfrischen sich im Eisbach. Eisverkäufer ziehen ihre Runden, Musiker unterhalten ungefragt die Menge. Ein kühles Radler und ein halbes Hendl gibt es im Biergarten am Chinesischen Turm oder beim Seehaus. Im Herbst zeigt sich der Park in einem prächtigen Laubkleid, im Winter wie ein gezuckertes Wunderland. Wunderschön in der Weihnachtszeit: der Christkindlmarkt am Chinesischen Turm.

Start: z.B. nur wenige Minuten zu Fuß von der U-Bahn-Station Universität

Alter Nördlicher Friedhof

Top!

Beerdigt wurde hier schon lange niemand mehr – heute wird die eingewachsene Fläche in der dicht bebauten Maxvorstadt für Freizeitaktivitäten genutzt. Man trifft Jogger, Sonnenbadende, Picknickende. Hier treffen sich die Lebenden und die Toten. Schräg und schön zugleich.

Eingang z.B. über Arcisstraße 45, Maxvorstadt

Flaucher

Zwischen Brudermühlbrücke und Tierpark in Thalkirchen liegt das aufregendste Erholungsgebiet der Isar. An manchen Stellen ist das Ufer sehr steinig, an anderen findet man versteckte Sandplätze. Obwohl an sonnigen Tagen hier halb München liegt, um zu lesen, zu picknicken oder zu schwimmen, finden sich immer ungestörte Plätze. Das Grillen ist überall erlaubt, deshalb vergeht kein Sommerabend, an dem hier nicht gefeiert wird. Doch Vorsicht – mit zunehmender Dunkelheit wird der Flaucher immer unübersichtlicher!

U3, U-Bahnstation Thalkirchen

Kiesbank beim Müllerschen Volksbad

Der kleine Karl-Müller-Weg mit seiner niedrigen Mauer und den historischen Laternen, direkt zwischen der Isar und dem Müllerschen Volksbad, lädt an lauen Sommerabenden nicht nur auf ein Bier im Freien ein.

Zugang über Ludwigsbrücke

Wittelsbacherbrücke / Reichenbachbrücke

Hervorragend zum Plantschen und Gegenden-Strom-Schwimmen eignet sich auch der Isar-Abschnitt zwischen Reichenbach- und Wittelsbacherbrücke.

U-Bahnstation Fraunhofer Straße

Botanischer Garten

Die ideale Flucht aus dem Stadtlärm – ein Ausflug in den Botanischen Garten am Nymphenburger Schlosspark. Ein Besuch hier hat vor allem im Winter nahezu medizinische Wirkung und soll schon viele Münchner vor der Winterdepression gerettet haben.

Menzinger Straße 65, Nymphenburg, Tel.: 089/17861316, November, Dezember, Januar: 9–16.30 Uhr, Februar, März, Oktober: 9–17 Uhr, April und September: 9–18 Uhr, Mai, Juni, Juli und August: 9–19 Uhr

Draußen sitzen

Bayerische Staatsoper

Bester Platz für eine kleine Pause auf der innerstädtischen Shoppingtour: der Max-Joseph-Platz vor der Bayerischen Staatsoper. Mit dem Rücken an die hoheitlichen Gemäuer der Residenz gelehnt kann man hier kauzigen alten Herrschaften beim Stadtgespräch zuhören.

Max-Joseph-Platz, Altstadt

Hofgarten

Der kleine Barockpark in der Münchner Innenstadt ist als direkte Verbindung zwischen Odeonsplatz und Englischem Garten nicht zu verpassen. In schneereichen Wintern ist der Hofgarten ein Traum in Weiß, und an manch lauen Sommerabenden hört man Musik von dem kleinen Pavillon in der Mitte. Wenn man die Pärchen hier eng umschlungen Tango tanzen sieht, ist es um einen geschehen – man hat sich in den Hofgarten verliebt.

Eingang Odeonsplatz, Altstadt

WEITER AUF SEITE 184 ➜

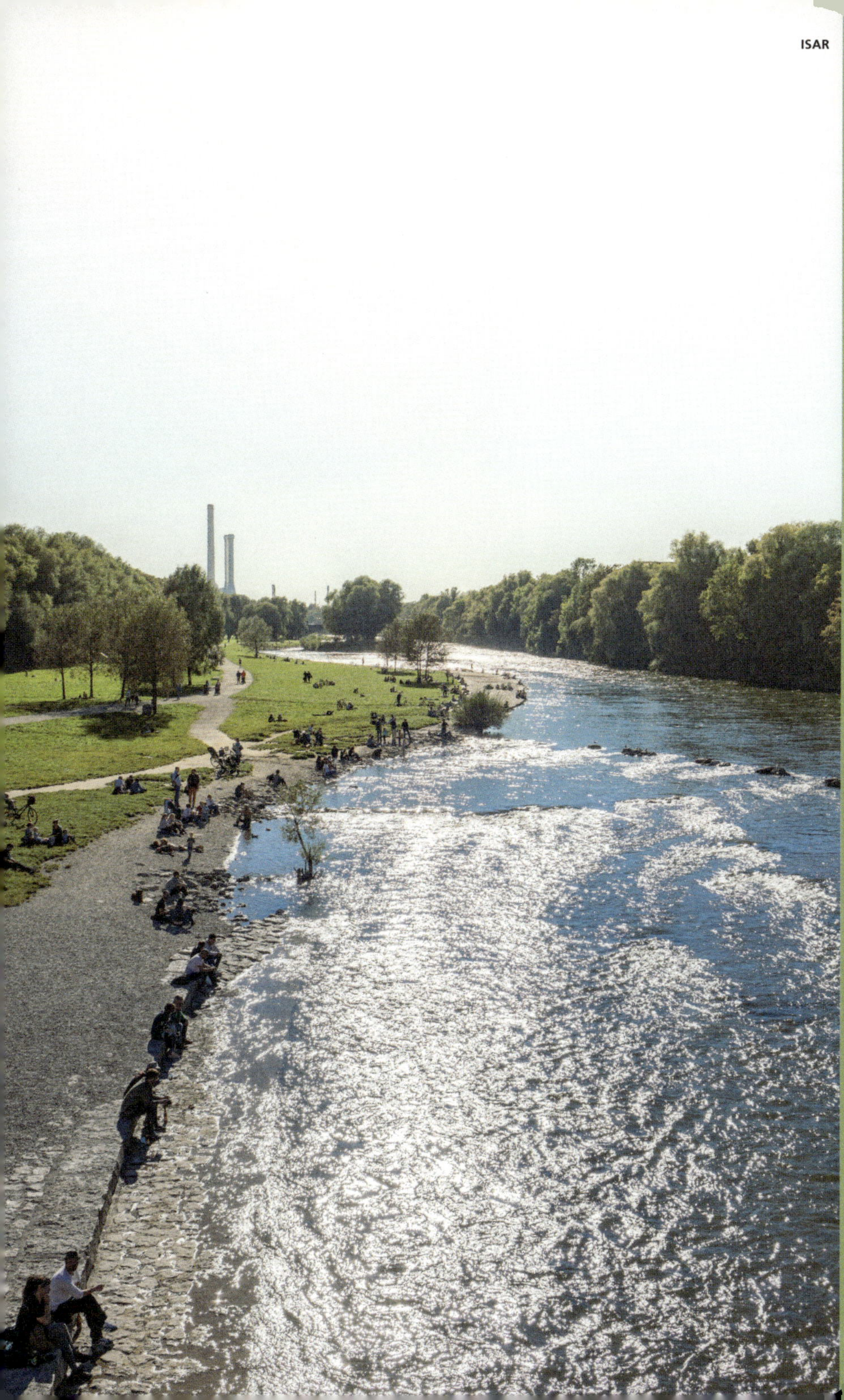

Annekatrin Meyers

—

Produzentin und Regisseurin

—

Kein Sommer in München ohne …

Die Isar. Mein Lieblingsort, um einen heißen Sommertag mit einem erfrischenden Bad in der Isar zu beginnen befindet sich unterhalb des Wehrstegs in der Nähe des Alpinen Museums.

Kein Winter in München ohne …

Schnee. Den erlebt man am besten auf dem Christkindlmarkt am *Chinesischen Turm.*

Bester Ort für einen gemütlichen Sonntagabend in der Stadt?

Das *Kino im Bayerischen Hof,* wo Getränke am Platz serviert werden und man in bequemen Sesseln gute Filme schauen kann. Danach geht's ein Stockwerk tiefer auf einen Cocktail ins *Trader Vic's,* dem polynesischen Hotelrestaurant, das mich mit seinem Südseekitsch um den Finger wickelt.

Und im Münchner Umland?

Kino unter freiem Himmel ist für mich das Größte. Ich liebe das *Autokino in Aschheim.* In Decken eingehüllt und mit einer warmen Tüte Popcorn auf dem Schoß ist es auch im Winter ein prima Ort. Man kann sich auch Heizlüfter mieten.

Sie sind als Regisseurin und Produzentin viel auf Reisen – was vermissen Sie unterwegs an München?

Gute Brezn! Eine frische, knusprige Brezn geht immer und ist ein Wundermittel bei flauem Magen. Die besten gibt es auf der Wiesn oder in der Bäckerei *Alof* in der Hans-Sachs-Straße.

Biergarten am Chinesischen Turm – Englischer Garten 3 / *Astor Cinema Lounge im Bayerischen Hof* – Promenadeplatz 2–6 / *Trader Vic's* – Promenadeplatz 2–6 / *Autokino in Aschheim* – Münchner Straße 60, 85609 Aschheim / *Alof* – Hans-Sachs-Straße 12

Glyptothek

Eines der verstecktesten und unterschätztesten Museen Münchens – mit einem der stillsten und bezauberndsten Cafés der Stadt im Innenhof. Auf den Stufen vor der Glyptothek kann man mit Blick auf den Königsplatz an einem sonnigen Spätnachmittag bei einem Glas Wein die letzten Sonnenstrahlen einfangen oder am ersten warmen Frühlingstag ein kleines Picknick auf den Stufen machen.

Königsplatz, Maxvorstadt

Gärtnerplatz

Alle wichtigen Straßen im Glockenbachviertel münden auf dem Gärtnerplatz, dem Knotenpunkt des Szeneviertels, und in warmen Sommernächten wird es schwer, noch einen Platz auf der Wiese zu ergattern.

Gärtnerplatz, Isarvorstadt

NYMPHENBURGER KANAL

Nymphenburger Schlosspark

Spazieren wie eine Prinzessin aus der Barockzeit? Der Nymphenburger Schlosspark gilt als eines der größten Gartenkunstwerke weltweit. Hier finden sich zum Beispiel der bezaubernde Apollotempel am Badenburger See, das Rokokojuwel Amalienburg und die historischen Gewächshäuser. Direkt nebenan liegt der Botanische Garten.

Schloss Nymphenburg, Nymphenburg

AUSSERHALB DER STADT

Seen

Starnberger See

Sehr beliebt und leicht mit der S-Bahn zu erreichen ist der Badestrand Possenhofen, auch „Paradies" genannt: Hier gibt es einen Biergarten, Liegewiesen und einen Beachvolleyplatz. Weiter südlich, in Tutzing, befindet sich ein kleines, feines Strandbadjuwel namens Nordbad. Die Liegefläche ist eher als putzig zu bezeichnen, dafür gehört ein Seerestaurant dazu, in dem man nach dem Sonnenbaden direkt zum Aperitif übergehen kann. Wer fernab von Menschen ins kühle Wasser springen möchte, leiht sich am besten ein Boot: Bootsverleihe gibt es in Starnberg, Tutzing, Seeshaupt und Berg. Der Radweg um den See herum umfasst etwa 50 Kilometer und ist perfekt geeignet für eine eintägige Tour.

So kommt man hin: S6 Richtung Tutzing von der Münchner Innenstadt über Starnberg, Possenhofen und Feldafing. Mit dem Auto A95 Richtung Garmisch, dann A952 Richtung Starnberg. An den Badestränden in Kempfenhausen, Ambach, Seeshaupt und Possenhofen gibt es Parkplätze.

Ammersee

Die beliebtesten Badeorte sind Eching, Herrsching, Fischen-Aidenried und Stegen. Außerdem gibt es ein Strandbad in Utting mit Sprungturm, Bootsverleih und Minigolfplatz. Von Herrsching aus kann man in zwei Stunden zum Kloster Andechs wandern und sich dort im Biergarten ein Radler gönnen.

So kommt man hin: Mit der S-Bahn-Linie S8 braucht man von der Innenstadt etwa 50 Minuten nach Herrsching. Mit dem Auto A96 Richtung Lindau, dann bei Oberpfaffenhofen ab und weiter Richtung Herrsching am Ammersee.

GLYPTOTHEK

Tegernsee

Am Tegernsee sind die Berge bereits zum Greifen nah. Früh aufstehen und vor dem Badenachmittag einmal den Walberg hinauffahren oder -wandern. Die Aussicht ist unbezahlbar. Ein Klassiker für die deftige Einkehr mit Seeblick ist das Bräustüberl am Tegernsee.

Schlossplatz 1, 83684 Tegernsee, Tel.: 08022/4141

So kommt man hin: Vom Hauptbahnhof fährt die Bayerische Oberlandbahn (BOB) bis zum Bahnhof Tegernsee (Fahrzeit ca. 60 Minuten). Das BOB–MVV-Ticket (37 Euro) gilt für bis zu 5 Personen, auch in den anderen Verkehrsmitteln im MVV-Innenraum. Mit dem Auto: Autobahn A8 München–Salzburg bis zur Ausfahrt Holzkirchen, dann die B318/B307 zum Tegernsee.

AMMERSEE

Kurztrips

Zum Fischmeister

Top!

Legendäres Ausflugsziel für alle Menschen mit gutem Geschmack: Beim Fischmeister in Münsing am Starnberger See gibt es nicht nur einen wunderschönen Biergarten mit herrlichster Aussicht aufs Wasser, sondern auch noch das beste Essen weit und breit. Der Stammladen von Schauspieler Sepp Bierbichler verarbeitet nur beste Produkte aus meist biologischem Anbau und ist für die klassisch-kreative Zubereitung von Fischen aus dem Starnberger See berühmt.

Seeuferstraße 31, 82541 Münsing/
Ambach, Tel. 08177/533,
www.zumfischmeister.com, Öffnungs-
zeiten: Mo, Mi und Do ab 17 Uhr,
Fr, Sa, So und an Feiertagen ab 12 Uhr,
Di Ruhetag.

Schloss Elmau

Im Bademantel frühstücken, danach in den Dachpool mit Blick auf das Karwendelgebirge springen, den ganzen Nachmittag lesen und am Abend noch ein Klavierkonzert: Ein ganz normaler Tag im unter Denkmalschutz stehenden Spa-Schloss Elmau.

Mehr Infos unter: www.schloss-elmau.de,
In Elmau 2, 82493 Krün,
Tel.: 08823/180
So kommt man hin: Von München Haupt-
bahnhof nach Klais fahrt ungefähr jede
Stunde ein Zug. Wer mit dem Auto unter-
wegs ist, nimmt die Autobahn nach
Garmisch-Partenkirchen, von dort weiter
Richtung Innsbruck bis zur Ausfahrt in
das Dorf Klais.

Das Kranzbach

Das Wellnesshotel Kranzbach bietet hinter seiner Burg-Fassade ein tolles Wellness-, Sport- und Erholungsangebot. Die verschiedenen Zimmer im Haupthaus und Gartenflügel sind allesamt modern eingerichtet,

das Restaurant kocht nur mit nachhaltigen Zutaten und bietet eine große Auswahl an Weinen, ein weitläufiger Wellness-Bereich mit Sauna und Spa ist auch vorhanden.

Mehr Infos unter: www.daskranzbach.de,
In Kranzbach 1, 82493 Krün,
Tel.: 08823/928000
So kommt man hin: Mit dem Auto
fährt man auf der A95 (E533)
Richtung Garmisch-Partenkirchen,
dann ab Autobahnende Eschenlohe
der B2 bis Klais folgen.

Königssee

Eingebettet in die Berchtesgadener Alpen, erinnert der Königssee an einen norwegischen Fjord. Der glasklare Bergsee ist perfekt für einen Wochenendtrip ins Münchner Umland – hier kann man wandern, gut essen, Boot fahren und an manchen Stellen auch baden. Einen besonders tollen Ausblick hat man von der Kapelle St. Bartholomä.

So kommt man hin: Ca. drei Stunden
dauert die Bahnfahrt vom Münchner
Hauptbahnhof über Freilassing bis nach
Berchtesgaden. Mit dem Auto ist man
schneller unterwegs: In zwei Stunden
über die A8 Richtung Salzburg, die
Ausfahrt Salzburg Süd nehmen, dann
auf die B160 Richtung Berchtesgaden.

Monte Mare Sauna am See

Top!

Von den Münchnern heißgeliebte Seesauna am glasklaren Tegernsee. Reservieren lohnt sich. Wer keinen Platz mehr bekommt, weicht auf die Partnersauna am nahegelegenen Schliersee aus.

Hauptstraße 63, 83684 Tegernsee,
Tel. 08022/1874770,
www.montemare.de/tegernsee, Öffnungs-
zeiten: Mo–Do 10–23 Uhr,
Fr & Sa 10–24 Uhr, So 10–21 Uhr

Ilkahöhe

Die Ilkahöhe ist eine 726 m hohe Erhebung am Westufer des Starnberger Sees und aufgrund ihrer exponierten Lage ein beliebter Aussichtspunkt. An schönen Tagen kann man die Sicht auf das Alpenpanorama genießen. Nach einem Ausflug bietet sich eine kulinarische Belohnung im Wirtshaus Ilkahöhe an. Serviert werden feine deftige Speisen mit saisonalen Zutaten, im Herbst etwa Rehrücken mit Kürbisravioli.

Mehr Infos unter: www.restaurant-ilkahoehe.de, Oberzeismering 2, 82327 Tutzing, Tel.: 08158/8242
So kommt man hin: Von München aus auf die A95 Richtung Garmisch-Partenkirchen, dann weiter Richtung Starnberg/ Tutzing.

IN DEN ALPEN BEI BERCHTESGADEN

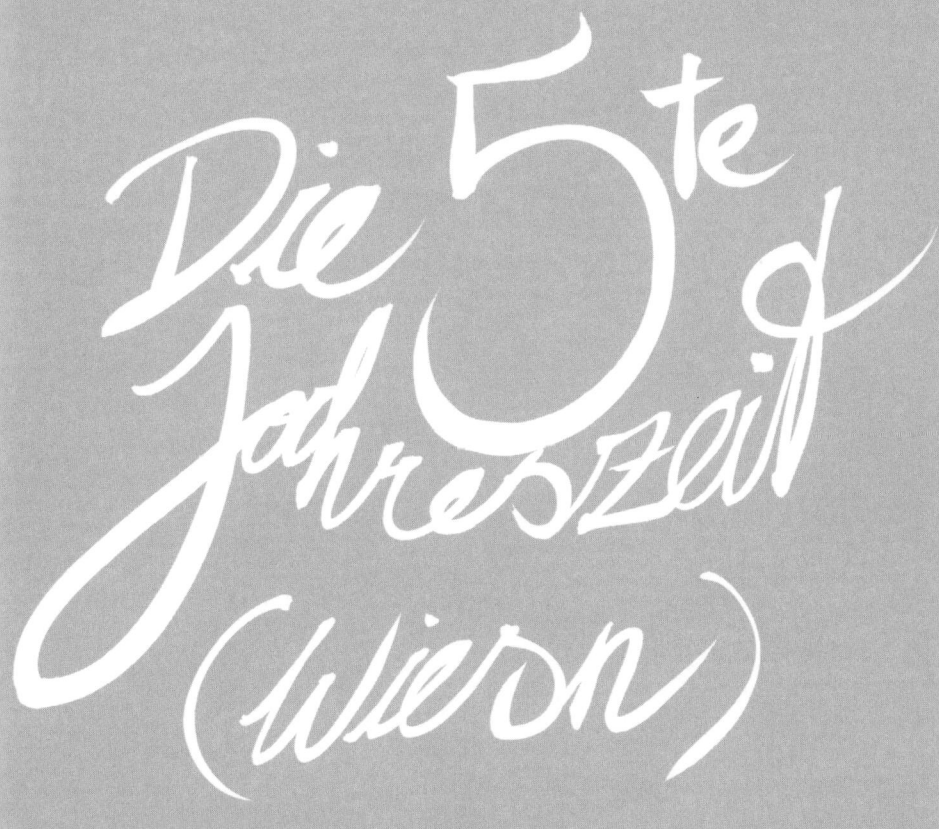

Die 5te Jahreszeit (Wiesn)

---

*ES IST DIESES GEFÜHL, MIT SEINEM
SPATZL AM WOCHENENDE AUF DER
„OIDEN WIESN" AUS TONKRÜGEN BIER ZU
TRINKEN UND ZU LIVE-MUSIK ÜBERS
PARKETT ZU FLIEGEN.*

ES IST DER erste Wiesn-Tag. Ein Samstag. Wir sitzen um zwölf Uhr mittags im Schützenfestzelt inmitten eines Meeres von Menschen. Die Mädchen haben zum Anstich ihr Lieblings-Dirndl herausgeholt und strahlen in ihren Trachten und Zopffrisuren. Die Jungs zeigen in kurzen Lederhosen ihre Wadeln und legen schon mal vorsichtig den Arm um das Mädchen neben ihnen. Die Band betritt die Bühne und stimmt das erste Lied an. Ein Schauer erfasst das ganze Zelt. Alle vergessen, dass das Dirndl am ersten Tag noch etwas zwickt und der Weg bis zum Zelt recht umständlich war. Auf einen Schlag ist es zurück, dieses Gefühl, das man vor einem Jahr mit viel Schwermut verabschiedet hatte.

Das ist er jetzt, der Beginn einer besonderen Zeit. Einer Zeit, die jedes Jahr für unvergessliche Bilder und Erinnerungen sorgt. Sechzehn Tage lang. Die Musiker spielen ihre Hits und alle kennen die Melodien. Zu Hause würde sich niemand freiwillig diese Musik anhören. Und doch suchen sie jetzt alle in ihrem Gedächtnis nach dem Text, um miteinstimmen zu können. Vergessen sind die anfänglichen Vorsätze, es diesmal nicht zu übertreiben. Nicht peinlich mitzusingen. Nicht zu sehr aufzufallen. Man sucht und findet tausend Blicke. Man spürt, dass es gut ist und groß ist und sich jetzt in diesem Moment alle miteinander verbunden fühlen.

Für viele ist die Wiesn einfach ein Volksfest, über das im Fernsehen gruselige Reportagen gezeigt werden. Ein Fest mit schlecht angezogenen Gruppen, die in Plastik-Lederhosen-Kopien und viel zu kurzen Dirndln in Reisebussen angekarrt kommen. Die sich in die überfüllten Zelte drängen, zu viel Bier trinken, ihren Rausch auf der berühmt berüchtigten Wiese unter Patronin Bavaria ausschlafen oder gleich im Krankenhaus landen.

Dabei ist die Wiesn so viel mehr als das. Sie ist dieses Gefühl, morgens um halb elf in Tracht seine Kollegen in der Konferenz anzutreffen und sich dabei nicht verkleidet zu fühlen, sondern stolz. Münchnerisch. Egal, ob man hier geboren wurde oder nicht. Es ist dieses Gefühl, mit den Eltern aus der Schweiz an einem sonnigen Nachmittag die neuesten Fahrgeschäfte und all die Köstlichkeiten, wie Schupfnudeln, Bratwürste und Schokofrüchte, auszuprobieren. Es ist dieses Gefühl, mit der besten Freundin nach der Arbeit von Wiesn-Bar zu Wiesn-Bar zu hoppen, um alle Freunde zu besuchen, die hinter der Theke arbeiten. Es ist dieses Gefühl, mit seinem Spatzl am

Wochenende auf der „Oiden Wiesn" aus Tonkrügen Bier zu trinken und zu Live-Musik übers Parkett zu fliegen. Es ist dieses Gefühl, plötzlich sogar zu Andreas Bouranis „Auf uns" mitzusingen. Weil man hier und jetzt zusammen ist, weil man das Leben liebt und feiert. Ich gebe zu: Der Rausch dieser Tage ist schön, die Hangovers sind es nicht. Die Stunden auf der Couch sind lang. Haut und Figur sind nach der Wiesn ruiniert. Zuviel Hendl, Schnaps und Süßigkeiten. Und dann folgt auch noch die berüchtigte Wiesn-Grippe. Aber es hat nun einmal alles im Leben seinen Preis. Und wenn dies jener ist für sechzehn besondere Tage, die man nie vergisst, dann soll es so sein.

— DEBORAH NEUFELD

AUF DER WIESN

Bierzelte

Käfer Wiesn-Schänke

Der Promi-Treff schlechthin: Bayern-Stars und Münchner Schickeria geben sich hier die Klinke in die Hand. Bei Paulaner-Bier und Champagner aus Krügen wird auf höchstem Niveau gefeiert – und das bis 1 Uhr nachts! Auch die Feinschmecker kommen natürlich auf ihre Kosten: Die Käfer Wiesn-Ente ist legendär. Allerdings: Für einen Platz im Zelt muss man reserviert haben.

www.feinkost-kaefer.de/oktoberfest

Schützen-Festzelt

Hinten im Schützen-Festzelt gibt es tatsächlich Schießstände, an denen der bayerische Sportschützenbund sogar jedes Jahr sein traditionelles Oktoberfestschießen veranstaltet. Im Zelt selbst geht es aber vergleichsweise gemütlich zu. Die Münchner Jugend und der deutsche Adel genießen Löwenbräu-Bier und bayerische Klassiker. Ein Muss: eine Maß auf dem Sonnen-Balkon und ein Wodka Feige in der Wilderer-Bar. Beim berühmten „Weus'd a Herz hast wia a Bergwerk" am letzten Wiesntag sollte man einmal dabei gewesen sein.

www.schuetzen-festzelt.de

Schottenhamel Festhalle

Im ältesten und traditionsreichsten Zelt eröffnet der Münchner Oberbürgermeister mit dem berühmten „Ozapft is!" jedes Jahr das Oktoberfest. Erst nach dem Anstich darf auch in den anderen Zelten Bier ausgeschenkt werden. Im Schottenhamel treffen sich junge Münchner und Politiker. Es geht traditionell zu und die Stimmung ist immer gut!

www.festzelt.schottenhamel.de

Weinzelt

Wie der Name schon sagt: Hier gibt es Wein, Sekt und Champagner, mit dem auch gerne mal herumgespritzt wird (dann werden sogar Regenschirme verteilt!). Das Weinzelt hat bis 1 Uhr geöffnet, und vor allem zu später Stunde herrscht ausgelassene Stimmung. Die Speisekarte ist vielfältig: Bayerisches, Fischgerichte, Austern und sogar asiatische Spezialitäten lassen keine Wünsche offen. Bis 21 Uhr gibt es übrigens auch Weißbier, danach ist das Weinzelt aber ganz seinem Namen verpflichtet.

www.weinzelt.com

Nach der Wiesn

P1

Der berühmteste Club Münchens heißt seine Gäste zur After-Wiesn willkommen. Die berüchtigt harte Tür ist während dieser Zeit ein wenig nachlässiger, dafür ist der Andrang mindestens doppelt so groß. Man tanzt in Tracht und neben viel Prominenz.

Prinzregentenstraße 1, Lehel,
Tel.: 089/2111140, www.p1-club.de

Heart

Das Heart macht dem P1 seit einigen Jahren starke Konkurrenz. Nach Schankschluss steppt in den schönen Hallen am Lenbachplatz der Bär. Man munkelt, dass hier die schönsten Dirndl der Stadt tanzen! Gut zu wissen: Es gibt meist einen Bus-Shuttle direkt von der Theresienwiese zum Heart.

Lenbachplatz 2, Altstadt,
Tel.: 0160/90900224,
www.h-e-a-r-t.me

WEITER AUF SEITE 198 ➜

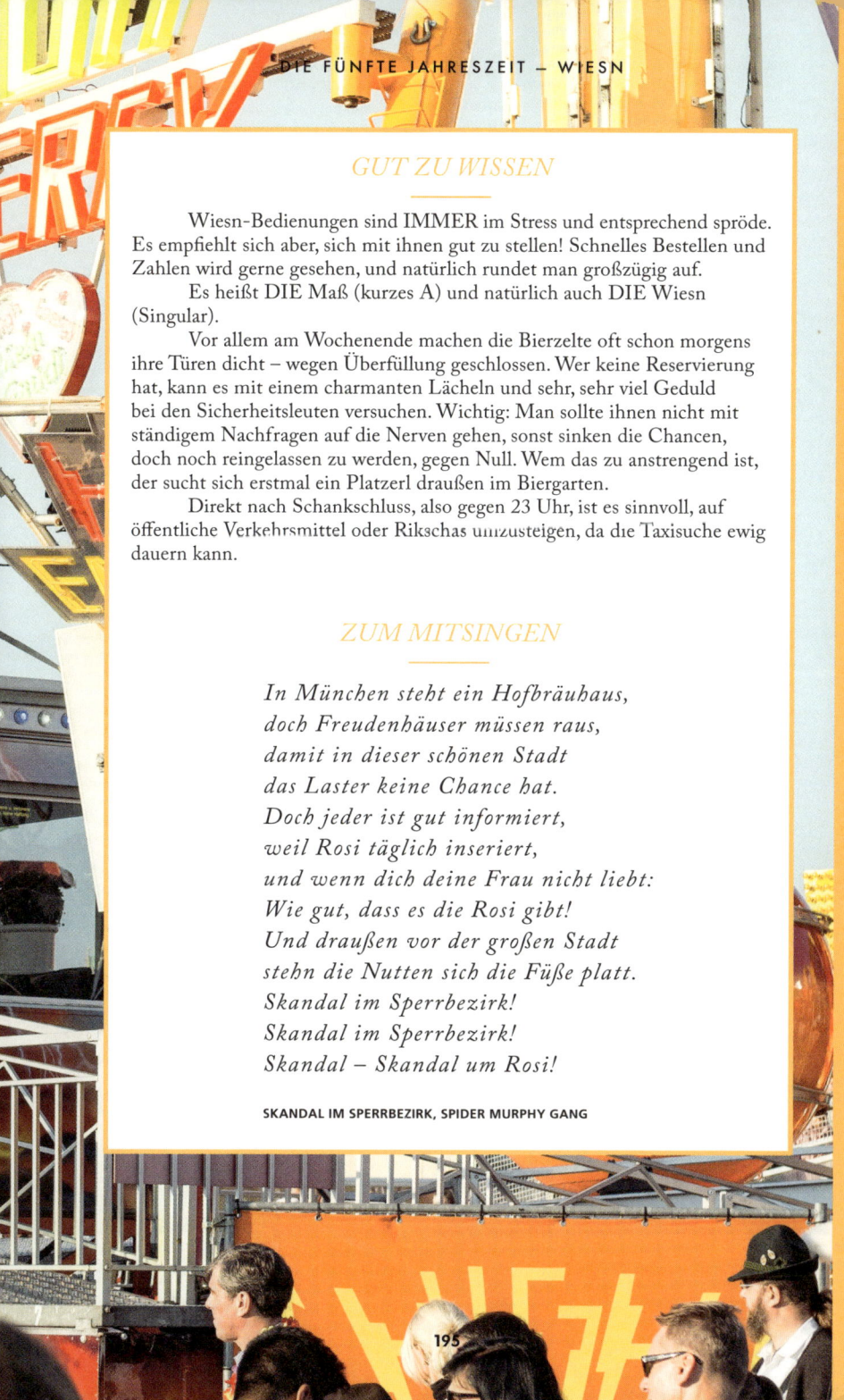

GUT ZU WISSEN

Wiesn-Bedienungen sind IMMER im Stress und entsprechend spröde. Es empfiehlt sich aber, sich mit ihnen gut zu stellen! Schnelles Bestellen und Zahlen wird gerne gesehen, und natürlich rundet man großzügig auf.

Es heißt DIE Maß (kurzes A) und natürlich auch DIE Wiesn (Singular).

Vor allem am Wochenende machen die Bierzelte oft schon morgens ihre Türen dicht – wegen Überfüllung geschlossen. Wer keine Reservierung hat, kann es mit einem charmanten Lächeln und sehr, sehr viel Geduld bei den Sicherheitsleuten versuchen. Wichtig: Man sollte ihnen nicht mit ständigem Nachfragen auf die Nerven gehen, sonst sinken die Chancen, doch noch reingelassen zu werden, gegen Null. Wem das zu anstrengend ist, der sucht sich erstmal ein Platzerl draußen im Biergarten.

Direkt nach Schankschluss, also gegen 23 Uhr, ist es sinnvoll, auf öffentliche Verkehrsmittel oder Rikschas umzusteigen, da die Taxisuche ewig dauern kann.

ZUM MITSINGEN

In München steht ein Hofbräuhaus,
doch Freudenhäuser müssen raus,
damit in dieser schönen Stadt
das Laster keine Chance hat.
Doch jeder ist gut informiert,
weil Rosi täglich inseriert,
und wenn dich deine Frau nicht liebt:
Wie gut, dass es die Rosi gibt!
Und draußen vor der großen Stadt
stehn die Nutten sich die Füße platt.
Skandal im Sperrbezirk!
Skandal im Sperrbezirk!
Skandal – Skandal um Rosi!

SKANDAL IM SPERRBEZIRK, SPIDER MURPHY GANG

Juwelier Hilscher – Nordendstraße 50 / *Bea Bühler* – Showroom in der Entenbachstraße 47 /
Halfs – Feilitzschstraße 35 / *Trumpf oder Kritisch* – Feilitzschstraße 14

Alexandra von Frankenberg

Unternehmerin und Gründerin von Amsel Fashion

Worauf kommt es beim Dirndl-Einkauf und beim Dirndl-Tragen an?

Unbedingt im Fachgeschäft oder direkt beim Designer kaufen, damit das Dirndl auf die Figur angepasst wird. Was das Design angeht, wird es derzeit wieder ursprünglicher: wenig Spielereien wie Perlen oder Organza, stattdessen schöne, natürliche Materialien wie Loden, Leinen, Baumwolle und klare Farben. Der Rock sollte fließen, das Mieder fest sein. Der Busen soll betont, muss aber nicht unbedingt gezeigt werden.

Welche Accessoires passen am besten zum Dirndl?

Klassischer, alter Trachtenschmuck! Ich kaufe meinen beim *Juwelier Hilscher*. Dazu entweder eine klassische Designertasche oder eine Tasche meiner guten Freundin *Bea Bühler*. Wichtig sind die richtigen Schuhe zum Dirndl! Hohe Schuhe nur, wenn man wenig laufen muss und dann auch nur klassische Pumps, keine offenen Schuhe. Bei *Halfs* gibt es tolle Haferlschuh für Männer und Frauen.

Und welche Frisur?

Einfach und praktisch. Der klassische Bun oder zum Mittelscheitel einen lockeren Haarkranz drehen.

Ihr perfekter Wiesn-Tag?

Startet mittags mit der ersten kühlen Maß im Biergarten vom Augustiner. Von dort geht es zum Festgelände auf eine köstliche Ochsenfetzensemmel an der Ochsenbraterei. Die zweite Maß im Schützenfestzelt, am liebsten in der Sonne auf dem Balkon. Dann weiter in die kleinen Zelte wie „Zur Bratwurst" oder die „Knödelei". Hier ist die Wiesn noch Wiesn und man kommt toll mit Leuten ins Gespräch. Zum Ende einen Haselnussschnaps und dann weiter ins *Trumpf oder Kritisch* an der Münchner Freiheit.

Lodenfrey München am Dom

Hier gibt es traditionell die schönsten Modelle, sodass sowohl Fashion-Victims als auch Traditionsbewusste fündig werden. Lodenfrey führt vom einfachen Waschdirndl bis zum High-End-Designer-Stück einfach alles, was sich besten Gewissens Tracht nennen darf.
Maffeistraße 7, Altstadt,
Tel.: 089/210390,
www.lodenfrey.com, Öffnungszeiten:
Mo–Sa 10–20 Uhr

Vintage Love

Eine große und vielfältige Auswahl an Vintage-Trachten-Modellen. Und im Gegensatz zu anderen Secondhand-Läden ist hier alles gereinigt, gebügelt und sorgfältig sortiert.
Frauenstraße 22, Altstadt,
Tel.: 089/25542207,
www.vintageandmore.de,
Öffnungszeiten: Mo–Fr 13–19 Uhr,
Sa 13–18 Uhr

Amsel Fashion

Top!

Das junge Münchner Label besticht durch wunderschöne Entwürfe, freche Hüte und ausgefallene Accessoires. Hier finden Tradition und Moderne zusammen. Ein Abstecher in den Shop lohnt sich.
Adalbertstraße 14, Maxvorstadt,
Tel.: 089/200610000,
www.amsel-fashion.com,
Öffnungszeiten: Do & Fr14–18.30 Uhr,
Sa 11–15 Uhr

Shopping

Angermaier

Angermaier verspricht die ganze Welt der Trachten, und dieses Versprechen wird gehalten! Die Riesenauswahl beinhaltet Modelle in jeder Preisklasse, in kurz oder lang, bestickt oder simpel und in jeder Farbe.
Rosental 10, Altstadt,
Tel.: 089/23000199, Öffnungszeiten:
Mo–Fr 10–19 Uhr, Sa 10–18 Uhr;
Landsberger Straße 108, Neuhausen,
Tel.: 089/501677, Öffnungszeiten:
Mo–Fr 10–19Uhr, Sa 10–17 Uhr;
www.trachten–angermaier.de

EIN PERFEKTER WIESNTAG

Ausgeschlafen, die Tracht frisch gewaschen und gebügelt? Dann kann's losgehen! Erstmal auf zum Weißwurst-Frühstück in den Kaisergarten in Schwabing oder auf den Viktualienmarkt. Wenn der liebe Gott den Münchnern, wie so oft, Kaiserwetter schenkt, wenn der Himmel also in Weiß-Blau erstrahlt, geht's gleich weiter zu einem Bummel über die Theresienwiese. Wer Lust hat, kann eine Runde Wilde Maus oder Kettenkarussell fahren, und wer sich traut, der wagt sich sogar ins Fünfer-Looping und macht danach noch einen Abstecher ins Teufelsrad.

Dann sollte man sich schon zügig auf die Suche nach einem Platz im Bierzelt begeben. Schnell die erste Maß und eines der bayerischen Schmankerl wie Hendl, Ente oder Schnitzel bestellen. Der Abend soll ja noch lang werden …

Ein paar Maß später ist die Stimmung schon am Kochen. Um Punkt 22.30 Uhr ist aber Schluss, dann drehen die Wirte die Bierhähne zu. In der Käfer Wiesn-Schänke und im Weinzelt kann man noch bis 1 Uhr weiterfeiern. Wenn auch dort wirklich Zapfenstreich ist und es die eigenen Kräfte noch zulassen, geht es weiter in die Clubs der Stadt.

Am nächsten Tag: Katerfrühstück. Dafür eignen sich bestens der Preysinggarten oder am Sonntag der Brunch im Ritzi. Wirklich hartgesottene Fans gehen danach aber gleich wieder „auf d'Wiesn!"

Kaisergarten, Kaiserstraße 34, Schwabing, www.kaisergarten.com
Preysinggarten, Preysingstraße 69, Haidhausen, www.preysinggarten.com
Hotel Ritzi, Maria-Theresia-Straße 2a, Bogenhausen, www.hotel-ritzi.de

Deborah Neufeld

—

Journalistin und Gesellschaftsreporterin

—

Sie sind vor sieben Jahren aus Zürich nach München gezogen. Was hält Sie hier?

Menschen, die meine Freunde und meine zweite Familie geworden sind. Meine Altbauwohnung im Lehel, das Radeln an der Isar, das Plantschen am Flaucher. Das Gefühl, zu Hause zu sein.

Der größte Unterschied zwischen Zürich und München?

Die Offenheit und Herzlichkeit der Münchner. Sie geben anstelle drei Küsslis zwei dicke Bussis, sie herzen gerne und sind herrlich spontan. Außerdem finden sie es wahnsinnig süß, wenn Schweizerinnen hochdeutsch reden.

Ihre liebsten drei Szene-Orte der Stadt?

Das *Fräulein Grüneis* am Sonntagmittag im Englischen Garten für ein kühles Bier nach dem Sport. *Fisch Witte* für gepflegtes People-Watching am Samstagnachmittag. Und natürlich das *Schumann's* am Donnerstagabend, wo sich halb München versammelt.

Was schätzen Sie so an der Wiesn?

Dass in Tracht alle ein bisschen besser aussehen. Dass man immer Freunde trifft, auch wenn man nicht verabredet war. Dass der Abend meist anders endet, als man geplant hatte.

Das ideale Wiesn-Survival-Kit?

Flache Schuhe, wie Loafers oder Chelsea Boots – Heels braucht auf der Wiesn kein Mensch. Ein kleines Umhängetäschchen mit Bargeld, Schlüssel und Handy – um immer freie Hände zu haben. Keine teuren Schals oder Janker – die Gefahr, was zu verlieren, ist groß. Und als wichtigsten Tipp: Etwas Deftiges zum Essen und Schnäpse erst kurz vor Schluss – damit auch der Tag danach erträglich wird.

Ihre liebsten Alltagsrituale in der Stadt?
Kein Wochenende ohne Englischer Garten. Entweder mit Hard-core-Sport bei Dani und Richie im *Eisbachfit*, mit einem Spazier-gang bis zum Seehaus oder auf dem Radl eine Stunde lang gerade-aus bis zum *Aumeister-Biergarten*. Pures Glück.

Fräulein Grüneis – Lerchenfeldstraße 1a / *Fisch Witte* – Viktualienmarkt 9 / *Schumann's* – Odeonsplatz 6 / *Eisbachfit* – Lerchenfeldstraße 1a / *Aumeister* – Sondermeierstraße 1

TRACHT & TRADITION

GRUNDREGELN

Stilvoll und sauber sollte die Tracht sein. Ein klassisches Dirndl besteht aus ärmellosem Kleid, Bluse und Schürze; wer es sehr traditionell mag, trägt auch einen Unterrock. Mit verschiedenen Blusen und Schürzen kann man das „Gwand" variieren. Es gibt aber auch Dirndl mit Ärmeln und solche, die aus Korsage und Rock bestehen.

Klassische Blusen sind schlicht weiß, mit Spitze oder Häkeleien verziert, aber vor allem immer sauber und gebügelt! Modische Varianten sind die schulterfreien Carmen-Blusen, durchsichtige Modelle und schwarze Blusen.

Das richtige Binden der Schürze ist Politik. Das Sprichwort „Schürzenschleife links, Glück bringt's!" bedeutet nichts anderes als „Ich bin noch zu haben". Die Schleife rechts getragen heißt „Ich bin verheiratet/vergeben". Und die Schleife in der Mitte? Dort dürfen sie nur Jungfrauen tragen.

SCHUHE & ACCESSOIRES

Was für Schuhe zum Dirndl? Das kommt darauf an: Wer entspannt am Tisch bleiben will, kann schlichte Pumps wählen. Wer aber eine lange Nacht vor sich hat, dem seien flache, bequeme Schuhe empfohlen, zum Beispiel Ballerinas. Keine gute Idee sind offene Schuhe.

Die Tasche, die auf die Wiesn mitgenommen wird, sollte unbedingt klein und zum Umhängen sein. So manches Bierzelt entpuppt sich nämlich auch als schwarzes Loch.

Ein Janker, eine Strickjacke oder ein Foulard sind die idealen Begleiter zum Dirndl an kühlen Tagen. Ebenfalls an kalten Tagen empfehlen sich Trachtenstrümpfe aus Strick in derben Boots oder Trachtensöckchen in filigraneren Schuhen.

Schick zum Dirndl sind ein Trachtenhut mit Feder und Silberschmuck. Wer es ganz urig mag, trägt Kropfband. Die Haare sind am schönsten mit Flechtfrisur!

ALTERNATIVEN ZUM DIRNDL

Freche Frauen tragen Lederhosen! Kurz und knackig, dazu eine schlichte Bluse, Trachtenjäckchen und Hut. Wer es nur ein bisschen bayerisch mag, der kann auch einen schönen Janker über einer klassischen Bluse zur Jeans tragen. Accessoires wie Trachtenschmuck oder Kopfbedeckung machen jedes Outfit ein bisschen Wiesn-tauglich.

Hotels

LOUIS HOTEL
Der schönste Markt Münchens liegt diesem Hotel wortwörtlich zu Füßen. Mitten in der Stadt gleich beim Viktualienmarkt liegt das Louis Hotel, wo sich mondäner Pariser Chic mit der vitalen Ursprünglichkeit des Viktualienmarktes verbindet. Ein Ort ungezwungener Gelassenheit, mitten in der Stadt.
DZ AB 300 EURO/NACHT
Viktualienmarkt 6, www.louis-hotel.com, Tel.: 089/4111908-0

25 Hours Hotel
Im prunkvollen Gebäude am Bahnhofplatz hat das 25hours Hotel The Royal Bavarian in München seinen Platz gefunden. Ein geschichtsträchtiges Haus: Was im vergangenen Jahrhundert noch als Oberpostamtsgebäude und königliche Telegrafenstation diente, ist heute Treffpunkt für Stadtentdecker. 165 Zimmer warten auf die Gäste. Herzstück ist das Restaurant NENI sowie das NENI Deli und die Boilerman Bar.
DZ AB 130 EURO/NACHT
Euro Bahnhofplatz 1, Tel.: 089/9040010, www.25hours-hotels.com/hotels/muenchen

Cocoon am Hauptbahnhof
Liegt unweit vom Karlsplatz (Stachus) entfernt und bietet einen Garten und eine Terrasse. Das Cocoon ist mehr als ein Stadt-Hotel. Hier wird man, urbaner Lage zum Trotz, von Blumenwiesen, Birkenwald und Alm inspiriert. Schick, modern und moderate Preise.
DZ AB 100 EURO/NACHT
Mittererstraße 9, Tel.: 089/5480189905, www.cocoon-hotels.de

Ruby Lilly Hotel
Lean Luxury, anders gesagt: schlanker Luxus ist die Philosophie der Ruby Hotels. Dieses bietet unkomplizierten Komfort und inspirierende Menschen da, wo das Herz der Stadt schlägt. Hier setzt man auf Lässigkeit und die Bar ist rund um die Uhr geöffnet.
DZ AB 135 EURO/NACHT
Dachauer Straße 37, Tel.: 089/954570820, www.ruby-hotels.com.

Roomers Munich
Elegantes Hotel im Retroambiente, 3 km vom historischen Marienplatz sowie 3 km vom Hofbräuhaus entfernt. Das Restaurant bietet asiatische Küche & Frühstück. Das Hotel bietet außerdem eine Bar, eine Lobby mit Bibliothek und ein Spa mit einem Infinity-Jacuzzi sowie einem Hamam und Fitnessraum.
DZ AB 160 EURO/NACHT
Landsberger Straße 68, Tel.: 089/4522020, www.roomers-munich.com

Hotel Lux
Das Hotel in einem umgebauten Stadthaus ist nur wenige Minuten von der U-Bahn-Station Marienplatz und 10 Minuten von der Münchner Residenz und den Museen entfernt. Die farbenfrohen Zimmer sind über eine antike Wendeltreppe erreichbar und bieten einen Mix aus modernen und Vintage-Möbeln. Das auf Bestellung zubereitete Frühstück wird kostenlos angeboten. Es gibt außerdem ein Restaurant sowie eine Cocktailbar.
DZ AB 120 EURO/NACHT
Ledererstraße 13, Tel.: 089/45207300, www.hotel-lux-muenchen.de

25 HOURS HOTEL

SIGHTSEEINGTOUREN
www.mgv-muenchen.de
www.stadtvogel.de
www.stadtfuehrungen.de
www.mvg-mobil.de/muenchentram
www.spurwechsel-muenchen.de
www.pedalhelden.de
www.yourmunichtour.de
www.stadtrundfahrten-muenchen.de

KULTURELLE FÜHRUNGEN
www.bildungswerk-bayern.de/
    muenchenprogramm
www.lustaufkunst.de
www.lit-spaz.de
www.epoca-kulturerlebnisse.de/
    epoca
www.kunst-tour.de
www.theage-muenchen.de/
    kulturfuehrungen.html

BESONDERER TIPP

Die erfahrene und zertifizierte Stadt-
führerin Stéphanie Stephan begibt sich mit
Ihnen auf individuell maßgeschneiderte
Stadtspaziergänge. Und das Beste:
Stéphanies Kompetenz und Unterhaltsam-
keit gibt es nicht nur auf Deutsch, sondern
auch auf Englisch, Französisch und
Niederländisch – die ehemalige Journalistin
ist ein Sprachtalent.

Tel.: 0179/4968583,
www.muenchen-massgeschneidert.de

VERANSTALTUNGEN, PARTYS & MÜNCHEN-BLOGS

www.muenchen.de
www.in-muenchen.de
www.mucbook.de
www.munichmag.de
www.muenchen.mitvergnuegen.de
www.muenchenarchitektur.com

PRIVATE MEMBER CLUB
WWW.THEHEARTHOUSE.ME

THE HEARTHOUSE MUNICH
LENBACHPLATZ 2 • 80333 MÜNCHEN
PHONE: +49 151 615 450 40 • MAIL: HELLO@THEHEARTHOUSE.ME

DAS HAUS MIT DEM HERZ.

DAS HEARTHOUSE VERSTEHT SICH ALS EIN ORT DER BEGEGNUNG IM HERZEN DER STADT, EINE PLATTFORM FÜR NETWORKING UND KREATIVEN AUSTAUSCH. GESELLSCHAFTSÜBERGREIFEND UND INNOVATIV FÜR MEMBER UND DEREN GÄSTE, DIE EXKLUSIVITÄT, PRIVATSPHÄRE, QUALITÄT ABER AUCH AUSSCHWEIFUNGEN LIEBEN – EINE EINMALIGE KOMBINATION VON UNTERSCHIEDLICHSTEN ANGEBOTEN AN EINEM ORT ZUR SELBEN ZEIT.

MERCEDES LAUENSTEIN

lebt als Schriftstellerin und freie Journalistin in München und Italien.
2015 erschien ihr literarisches Debüt *Nachts* im Aufbau Verlag, 2018
folgte ihr erster Roman *Blanca*. Schreibt Kolumnen, Essays und
literarische Reportagen für Zeitungen und Magazine – darunter
*Süddeutsche Zeitung, Zeit Magazin, Monopol, brand eins, Harpers
Bazaar* uvm. Gemeinsam mit dem Fotografen Juri Gottschall
betreibt sie außerdem das Splendido Magazin.
www.mercedeslauenstein.de, www.splendido-magazin.de

NICOLE ADLER

ist Modejournalistin und Autorin für namhafte Magazine
und Tageszeitungen und Lektorin an der Universität Wien.
Sie ist Herausgeberin der erfolgreichen City-Guide-Serie
for Women only Wien, Hamburg, Berlin, München und Zürich und
Gründerin des forwomenonlynetwork *www.forwomenonly.eu* –
eine Plattform für weibliche Vernetzung.

JURI GOTTSCHALL

Juri Gottschall arbeitet von München und Italien aus als
freischaffender Fotograf für Zeitungen, Magazine und Buchprojekte.
Seine journalistischen und künstlerischen Arbeiten wurden mehrfach
ausgezeichnet. Zusammen mit Mercedes Lauenstein ist er außerdem
Herausgeber des Splendido Magazins. In den letzten Jahren nahm
Gottschall an zahlreichen Ausstellungen im In- und Ausland teil.
Zuletzt in Venedig, München und Zürich. *www.jurigottschall.com*

Unser Dank gilt

ALLEN, DIE AN
DIESEM BUCH SO TATKRÄFTIG
MITGEWIRKT HABEN,
sei es durch Texte, Interviews, Bildmaterial,
Tipps und Adressen oder wichtige
Hintergrundinformationen.

—

Wir danken dem
Lenbachhaus,
der Hypo-Kunsthalle,
den Münchner Kammerspielen,
der May'rschen Hofkunstanstalt,
dem Passaparola,
dem Münchner Literaturhaus
und dem Harry Klein Club.

Bildnachweise:
Alle Bilder Juri Gottschall bis auf S. 6 li. u. Xandra M. Linsin, S. 6 l. Schumann's/Klaus Brenninger,
S. 10/26 Florian Holzherr/www.architekturfoto.net, S. 13 Brian Seyum, Ruby Store GmbH,
S. 14 Philippe Arlt Photodesign, S. 16 Marion Heinrich, S. 17 l. o. Hier Store,
S. 17 re. o. Mohrmann Basics/www.flo-bauer.de, S. 18 SOIS BLESSED PR, S. 22 Mykke Hofmann,
S. 23 Apropos, S. 24 Saskia Diez, S. 27 Halfs, S. 30 iki M., S. 37 Kustermann, S. 40 Schumann's,
S. 43/68 Feinkost Käfer, S. 46 Café Luitpold, S. 51 Der Pschorr, S. 59 l. u. KANSHA,
S. 59 r. u. Passaparola, S. 60 Hotel Vier Jahreszeiten Kempinski München, S. 63 Jaadin Grillhouse,
S. 65/203 Steve Herud, S. 66 Schumann's/Klaus Brenninger, S. 69 u. Restaurant Acquarello,
S. 70 Tushita Teehaus, S. 74 jacklinfotos.com, S. 79 o. Dompierre, S. 79 u. Feinkost Käfer/
Thorsten Jochim, S. 81 Ed.Meier München, S. 85 o. Haydar Koyupinar©Pinakothek der Moderne,
S. 85 u./148 Haydar Koyupinar©Museum Brandhorst, S. 90 Jens Weber©Bayerische Staatsgemälde-
sammlungen, München/Sammlung Schack, S. 91 Haydar Koyupinar©Alte Pinakothek,
S. 94 Sigi Mueller, München Tourismus, S. 99 Filmfest München, S.105 Philippe Chancel,
S. 106/113 o. David Koplin, S. 109 Luis Huber, S. 110/113 u. The organic beauty store/
Ziska Thalhammer, S. 112 Parfümerie Brückner, S. 116 Daniel Schvarcz, S. 117 Hotel Bayerischer Hof,
S. 120 Studio 12/Thomas Straub, S. 122 Jivamukti Yoga/Felix Krammer, S. 123 Fabien K,
S. 129 Conny Mirbach, S. 130 Tuulikki Jäger, S. 132 Alescha Birkenholz, S. 141 W. O. Hausmann,
München Tourismus, S. 147 Sittig Fahrbecker, S. 151 Theresa, S. 155 Böhmler/Marcus Hassler,
S. 158 Occhio GmbH | Fotograf: Robert Sprang, www.rsfotografie.de, S. 173 Shutterstock,
S. 176 nuruCoffee, S. 179 l. SWM/Robert Götzfried, S. 179 r. SWM;
Vor- und Nachsatz: Aron Cserveny

Fotografie: Juri Gottschall
Grafikdesign: Mitra Farahmand & Christine Fischer
Lektorat: Elisabeth Hunger
Bildbearbeitung: Pixelstorm Wien
Projektleitung: Julia Herrele
Papier: EOS sonderextraweiss 115g, 1,5fach

ISBN 978-3-7106-0117-0

Liebe Leserin, lieber Leser!

*Hat Ihnen dieses Buch gefallen?
Wollen Sie weitere Informationen
zum Thema? Möchten Sie mit den
Autorinnen in Kontakt treten?
Wir freuen uns auf Austausch
und Anregung!*

Brandstätter Verlag
Wickenburggasse 26
1080 Wien
E-Mail: leserbrief@brandstaetterverlag.com
Telefon (+43-1) 512 15 43-256

Wir sagen Danke.
Bleiben wir in Verbindung.

München